Gabriele Berghoff

Exotin, Expertin, Gast

Tagebuch einer Reise in den fernsten Winkel Usbekistans

Exotin, Expertin, Gast

Gabriele Berghoff

Impressum

Bibliografische Information der Deutschen Nationalbibliothek:
Die Deutsche Nationalbibliothek verzeichnet diese Publikation
in der Deutschen Nationalbibliografie; detaillierte bibliografische Daten sind im Internet über http://dnb.dnb.de abrufbar.

© 2022 Gabriele Berghoff

Herstellung und Verlag: BoD – Books on Demand, Norder-
stedt

ISBN: 978-3-7568-1721-4

Alles eine Frage der Risikoabwägung

„Wo liegt eigentlich Usbekistan?" fragte ich mich, als ich im März 2022 die Einladung zu einem Einsatz als Seniorexpertin in Usbekistan bekam.

Nachdem ich mich geografisch auf den Stand gebracht hatte, studierte ich natürlich als nächstes die Reise- und Sicherheitshinweise des Auswärtigen Amts, die so lauteten: *„Landesweit, aber insbesondere in den Grenzregionen zu Afghanistan und die Grenzgebiete zu Tadschikistan und Kirgisistan ist von einer latenten Gefährdung durch islamistisch orientierte extremistische Gruppen auszugehen, die in Zentralasien operieren. … Vermeiden Sie nicht notwenige Reisen in Grenznähe … Führen Sie Ihren Reisepass stets bei sich, um sich bei Kontrollen ausweisen zu können. …Vereinzelt finden auch Überfälle, insbesondere bei Dunkelheit statt… Machen Sie sich mit Verhaltenshinweisen bei Erdbeben vertraut. … Überlandreisen können wegen des teilweise schlechten Zustands der Straßen und Fahrzeuge schwierig und gefährlich sein".*

Und dort soll ich hin, nach Karasuv, in eine Kleinstadt im äußersten östlichen Winkel des Landes, direkt an der kirgisischen Grenze. Ich bin 69 Jahre alt und alle halten mich für mutig, wenn nicht gar für verrückt. Aber was kann schlimmstenfalls passieren? Ich kann mein Leben verlieren, das ohnehin bereits auf der Zielgeraden angelangt ist: von Terroristen ermordet, von Minen zerfetzt oder von Trümmern eines Erdbebens erschlagen. Und was kann bestenfalls passieren: Ich kann nochmal ganz neue, abenteuerliche Erfahrungen machen. Mit 69 hat man dazu nicht mehr viele Chancen.

Außerdem vertraue ich darauf, dass meine Organisation, der Seniorexpertenservice Deutschland, seine Leute nicht leichtfertig in den Tod schickt. Gegen Krankheit und alles Mögliche bin ich gut versichert und bei der beim Auswärtigen Amt registriert. Das Risiko ist also überschaubar.

Das nun folgende Tagebuch wurde vor Ort verfasst und schildert Begebenheiten, die sich genau so ereignet haben. Nur die Namen der Personen und die Nummern der Schulen wurden zum Schutz von Persönlichkeitsrechten geändert.

Aus Frankfurt und Mekka

Der Regionalexpress fährt pünktlich ab. Gott sei Dank! Die Wagen sind glücklicherweise von der Sorte, deren Einstieg mit der Bahnsteigkante abschließt. Also kein lästiges Koffer-hochwuchten. Um diese Zeit ist der Zug auch nicht besonders voll, sodass ich den Koffer bequem neben mich stellen kann. Jetzt bin ich also auf dem Weg und es gibt kein Zurück! Mir ist ein wenig mulmig zumute, aber gleichzeitig freue ich mich. Heute Abend werde ich in Taschkent sein!

In Köln-Deutz muss ich das Gepäck allerdings über zwei steile Treppen nach unten schleppen. Einen Aufzug gibt es nicht. Doch das Gleis für die Fernzüge befindet sich zum Glück auf der unteren Ebene. Also kein nennenswertes Problem. Ein netter Mann trägt mir den Koffer in den Zug und verstaut ihn auf der Ablage gleich neben der Tür. Es ist schon ein merk-würdiges Gefühl, das Gepäck während der Fahrt nicht im Blick zu haben. Aber der Zug fährt ohne weiteren Stopp di-rekt zum Frankfurter Flughafen. Wer soll da schon meinen Koffer klauen?

Direkt am Flughafenbahnhof entdecke ich das Covid-Test-Zentrum, wo vor der Anmeldung und den Testkabinen viele Menschen Schlange stehen. Hoffentlich muss ich mich hier nicht auch noch testen lassen! Laut Auswärtigem Amt reicht ein Impfnachweis. Hoffentlich stimmt's. Der Weg durch das Terminal 1 ist weit und endet an der Haltestelle eines Shuttlebuses, der mich und viele andere in einer zehnminüti-gen Fahrt zum Terminal 2 fährt. Dort steht vor dem Air Uzbekistan-Counter bereits eine Menschenschlage, die sich kaum vorwärts bewegt. Die Dame am einzigen Schalter scheint sehr streng zu sein. Die Abfertigung dauert ewig, weil etliche Reisende offenbar Übergepäck haben und erst ir-gendwo die fälligen Gebühren entrichten müssen. Das macht mich etwas kribbelig, obwohl ich eigentlich genug Zeit habe.

Wahrscheinlich, weil ich immer noch in Sorge bin, dass ich doch noch einen PCR Test brauche. Was sind das für weiße Zettel, die die meisten Passagiere in der Hand haben? Testzertifikate?

Während ich in der Warteschlange nur zentimeterweise nach vorn rücke, spricht mich ein freundlicher junger Mann an und bittet mich, für seinen fußamputierten Großvater Verbandsmaterial mit nach Taschkent zu nehmen. Zur Bekräftigung seines Anliegens zeigt er mir eine Apothekenquittung und ein Foto vom Beinstumpf seines Großvaters. Ich denke aber gleich an die Warnungen vor Drogenschmugglern und lehne ab. Zu meiner Erleichterung insistiert der junge Mann nicht weiter, sondern bedankt sich freundlich und wendet sich anderen Reisenden zu.

Endlich machen zwei zusätzliche Schalter auf und ich bin bald an der Reihe. Mein Koffer, den ich mit Mühe auf die Waage wuchte, wiegt 23 Kilo. Punktlandung! Dann zeige ich meinen Impfnachweis auf dem Handy vor. Alles in Ordnung. „Hier sind Ihre beiden Bordkarten. Das Gepäck müssen Sie allerdings in Taschkent erneut einchecken." Uff! Erleichterung im wahrsten Sinne des Wortes. Hinsichtlich des Gepäcks hatte ich nichts anderes erwartet. Schließlich habe ich in Taschkent eine Zwischenübernachtung, bei der ich auch gern Zugang zu meinem Waschzeug hätte.

Dann mache ich mich auf den langen Weg zum Gate. Die automatische Passkontrolle, die irgendwann zu passieren ist, funktioniert reibungslos. Mit jeder Etappe auf dem Weg zum Flieger nimmt meine Nervosität ab und ich schaue mich um. Jetzt bin ich in einem Bereich, in dem rechts und links des Ganges Gebetsräume für alle möglichen Religionen liegen. Ich hätte fast Lust hineinzuschauen, aber irgendeine Scheu hält mich davon ab. Dabei könnte ich göttlichen Zuspruch für die vor mir liegende Mission durchaus gebrauchen. Aber leider bin ich dazu nicht gläubig genug. Dann folgt eine kleine Imbissstation, und ganz weit hinten ist die Sicherheitskontrolle zu erkennen. Ich beschließe, die letzte Gelegenheit für einen Kaffee und ein Croissant zu nutzen und genieße beides neben einer russischen Großfamilie, deren Sprache ich immerhin identifizieren kann. Zu mehr hat mein kürzlich absolvierter vierwöchiger Russisch-Intensivkurs allerdings nicht gereicht.

Dann marschiere weiter. Der Sicherheitscheck verläuft reibungslos. In diesem Teil des Flughafens ist so gut wie nichts los. Auch am Gate ist noch viel Platz. Ich habe gerade angefangen, meine Reiselektüre - einen Usbekistanführer - hervorzukramen, als wir alle zum Pre-boarding wieder hinausgeschickt werden. Dann also nochmal Pass- und Bordkartenkontrolle. Warum auch immer. Kaum sitze ich wieder, geht das Boarding schon los, fast eine Stunde vor Abflug. Ein Bus fährt uns weit über das Flugfeld zu einem erstaunlich großen und bunten Flugzeug der Uzbekistan Airlines, einem Airbus 320. Warum nur hatte ich eine kleine, unscheinbar graue Maschine erwartet?

Die Innenausstattung zeigt, dass der Flieger noch recht neu ist. Die Platzverhältnisse sind gut. Auf jedem Sitz liegen ein Kissen und Kopfhörer für das Bordprogramm auf den Monitoren im Vordersitz. Unterwegs gibt es mehrfach Getränke und ein warmes Essen. Das Hähnchen besteht allerdings nur aus Geflügelhack mit geschmacklosem Reis und ein paar Maiskörnern. Später gibt es noch ein pappiges Käsebrötchen.

Da ich am Gang sitze, kann ich draußen nichts sehen. Wir fliegen allerdings auch meistens über den Wolken. Auf dem Monitor kann ich erkennen, dass die Route über Weißrussland und Russland führt. Einmal ist Kiew als nächster Flughafen angegeben. Ich erschrecke etwas und male mir aus, wie unter uns gerade Krieg tobt, während wir hier über den Wolken Tee trinken und amerikanische Filme schauen. Ich habe allerdings keine Lust auf Action, sondern entscheide mich für zwei englisch synchronisierte französische Filme. Die Synchronisierung ist unsäglich: Die Schauspieler reden mit geschlossenem Mund oder bewegen stumm die Lippen. Manchmal kann man erahnen, was sie gerade auf Französisch sagen. Aber ansonsten sind die Filme gut. So vergehen die sechseinhalb Stunden einigermaßen erträglich.

Nach der Landung wechsele ich erst einmal 100 Euro um. Dafür muss ich Bargeld hinlegen, denn die Visa-Card funktioniert nicht. Das System sei defekt, erklärt man mir. Auch eine usbekische SIM-Karte sei heute nicht zu bekommen.

An der Gepäckausgabe wuseln hunderte von Menschen umher. Ausnahmslos alle sind ganz in weiß gekleidet, wobei die Gewänder der Frauen besonders prächtig verziert sind: Pilger, die aus Mekka zurückkehren. Bilde ich es mir nur ein, oder sehen ihre Gesichter wirklich ganz verklärt aus?

Auf das Gepäck müssen wir lange warten. Der Gang durch den grünen Korridor gelingt dann aber problemlos. Dass die Mekka-Pilger gleichzeitig mit mir das Gebäude verlassen, ist nicht gerade günstig, denn draußen ist der Platz vor dem Flughafen weiträumig abgesperrt und hinter der Absperrung tobt der Bär: Eine riesige Menschenmenge begrüßt die Pilger laut jubelnd. Wie soll ich da die SES-Repräsentantin finden? Ich entscheide mich zuerst für einen Weg, der nach links in einem weiten Bogen an der jubelnden Menge vorbei führt. Unterwegs wird mir aber bewusst, dass ich so die SES-Vertreterin noch schlechter finden werde. Also gehe ich wieder zurück und mische mich unter die Pilger, denen die Polizei eine Schneise durch die Menschenmenge bahnt. Oder versucht zu bahnen, denn das Geschiebe ist kaum zu kontrollieren.

Ich halte mein SES-Erkennungsschild hoch und sehe dann im Gewühl vor mir eine Frau mit einem identischen Schild. Das ist sie! Sie zeigt in eine Richtung, in die ich gehen soll. Dann ist sie wieder in der Menge verschwunden. Als ich gerade mitten in der Schneise bin, die die Polizisten versuchen frei zu halten, bekomme ich von hinten einen kräftigen Stoß. Alles drängt und schubst durcheinander. Hinter mir wird ein uralt aussehender Mann auf die Schultern gehoben und besonders laut bejubelt. Ich werde mitsamt Koffer, Laptop- und Handtasche hin- und her gestoßen. Dann bin ich durch. Ein Wunder, dass mein Gepäck immer noch beisammen ist. Nun sehe ich auch die Repräsentantin Kamilla wieder. Sie sagt, so etwas habe sie auch noch nie erlebt.

Sie hatte schon im Hotel angerufen, weil sie befürchtet hatte, mich verpasst zu haben. Immerhin war ich inzwischen seit mehr als einer Stunde überfällig. Im Hotel läge aber gar keine Buchung für mich vor. Kamilla wirkt etwas ratlos. Als wir an ihrem Auto auf dem Flughafenparkplatz angelangt sind, zeige ich ihr meine Buchungsunterlagen, aus denen hervorgeht, dass das vom SES gebuchte Hotel ein anderes ist, als das, was sie erwartet hatte. So ruft sie im richtigen Hotel an und lässt sich den Weg dorthin beschreiben, zieht es dann aber doch vor, sich von Google Maps leiten zu lassen.

Im Hotel verabreden wir noch die Zeiten für den morgigen Wake-up-Call, das Frühstück und das Taxi zum Regionalflughafen. Dann gehe ich auf mein Zimmer im 6. Stock. Es ist riesig groß, mit dicken Teppichen, schweren Vorhängen, Kronleuchtern, die allerdings nur schwach leuchten, und einer geblümten Tapete, ein Stil-Mix zwischen gediegen und schäbig. Das Bad ist aber geräumig und modern.

Als ich aus dem Fenster schaue, sehe ich ein großes, hell angestrahltes Gebäude mit leuchtenden blauen Kuppeln. Ich hätte noch Lust dorthin zu gehen, aber es ist bereits 23 Uhr, ich kenne den Weg nicht und bin todmüde. Also vertröste ich mich auf den längeren Taschkent-Aufenthalt, den ich bei meiner Heimreise haben würde, und gehe ins Bett. Außerdem riecht die Luft draußen nach Abgasen. Ich mache die Fenster lieber zu.

Auf der Bettkante esse ich noch einen Schokokeks aus der Minibar, denn das Abendbrot ist ja komplett ausgefallen.

Musik, Tanz und viele Goldzähne

Freitag, 22. 04.2022

Das Bett ist steinhart und nach der ersten Tiefschlafphase kann ich ab vier Uhr nicht mehr schlafen. Mein Oberschenkel juckt und ich finde dort eine Zecke! Ein Mitbringsel von meiner gestrigen heimischen Gartenarbeit! Wo hatte die sich denn so lange versteckt? Dummerweise habe ich keine Pinzette. Also muss ich sie mit den Fingernägeln entfernen, was zum Glück beim zweiten Versuch gelingt. Nach dieser Aktion wieder einzuschlafen ist nicht einfach.

Um sechs Uhr bin ich dann endgültig wach und stehe viel zu früh auf. Dass der bestellte Wake-up-Call nicht kommt, ist nun egal. Als ich das Fester öffne, stelle ich fest, dass die Luft draußen auch heute Morgen nicht besser ist. Eine riesige Smog-Glocke hängt über der Stadt. Ob das Taxi wohl bestellt ist oder ob das auch vergessen wurde?

Ich gehe etwas eher als angegeben zum Frühstück und setze mich an einen der Tische, auf denen Brot, Käse, Marmelade und diverse Pasteten bereit stehen. Lecker sind die Kräuter in Filoteig. Das Toastbrot ist allerdings sehr pappig und der Käse ziemlich geschmacklos. Ich bestelle mir auf Russisch (juhu, die Kellnerin hat mich verstanden!) einen Milchkaffee, eindeutig Nescafé, aber ganz passabel.

Das Taxi ist pünktlich da: ein Kleinwagen, bei dem mein Koffer nur mit Mühe auf die Rückbank passt. Auf dem Weg zum Flughafen kommen wir an dem Gebäude mit den Kuppeln vorbei. Es ist einfach nur ein großes Wohn- und Geschäftshaus! Die Taxifahrt kostet 12000 S'om, also ca. 1 Euro. Mit 2000 So'm (ca.16 Cent) gebe ich ein großzügiges Trinkgeld.

Im Flughaben ist an dem Counter, an dem mein Flug angezeigt wird, niemand zu sehen. Unschlüssig setzte ich mich auf einen der vielen Sitze im Wartebereich bis ich eine Durchsage höre, in der das Wort „Andijan" vorkommt. Aber niemand rührt sich. Dann bekomme ich aber mit, wie ein Herr an einen anderen Schalter, dessen usbekische Beschriftung ich nicht verstehe, geht und dort etwas von „Andijan" sagt. Wahrscheinlich steht auf der Anzeige so etwas wie „alle Flüge", denn als ich mich dort melde, kann ich problemlos einchecken. Danach nimmt alles seinen üblichen Gang.

Im Bus zum Flugzeug spricht mich eine Frau in fließendem Deutsch an. Sie hatte mich schon gestern im Flieger nach Taschkent gesehen und für ein Mitglied einer Touristengruppe gehalten. Nun sei sie erstaunt, dass ich so ganz allein weiter nach Andijan fliege. Sie selbst lebe in Duisburg und sei nun auf dem Weg zu ihren Eltern. Als ich ihr den Grund meiner Reise nenne, äußert sie sich äußerst anerkennend.

Im Flugzeug bekomme ich einen Platz am Fenster. Mir fällt auf, dass fast alle Frauen hier Kopftücher tragen. Das Getränk, das zu Beginn des Flugs gereicht wird, nehmen die meisten nicht an: Es ist Fastenzeit.

Die Sicht aus dem Fenster ist zunächst wenig spektakulär. Wegen des Smogs wirkt alles dunstig und verschwommen. Erst als wir in die Bergregion kommen, wird die Luft besser und der Blick auf die schneebedeckten Berge rechts und links ist imposant.

Am Flughafen in Andijan suche ich erst einmal die Flughafentoilette auf und mache die Tür gleich wieder zu, als ich das Stehklo auf einer Art Podest sehe. Doch dann besinne ich mich: Erstens ist es bis zu meinem Ziel noch weit und zweitens werde ich mich wohl an diese Art der Sanitäranlagen ohnehin gewöhnen müssen.

Nachdem ich meinen Koffer in Empfang genommen habe, treffe ich meinen Betreuer Altynbek, den ich schon aus diversen Videocalls kenne, mit zwei Begleitern, von denen der eine

– der Fahrer – gleich mehrere Fotos macht. Mein Koffer passt so gerade neben den großen Gastank im Kofferraum. Meine Laptop-Tasche nehme ich auf den Schoß. Die Straßen in Flughafennähe sind sehr großzügig ausgebaut, mindestens vierspurig, lassen in ihrer Qualität aber deutlich nach, als wir den städtischen Bereich verlassen. Der Fahrer fährt überaus zügig und überholt oft erschreckend riskant. Die Sicherheitsgurte hinten funktionieren nicht. Aber auch Fahrer und Beifahrer benutzen keine. Mir ist mulmig zumute, denn schließlich möchte ich nicht gleich am ersten Tag bei einem Autounfall ums Leben kommen!

Irgendwo unterwegs halten wir an einem Selbstbedienungsrestaurant. Ich bestehe darauf, meinen Laptop mit ins Lokal zu nehmen, schließlich enthält er alles, was ich je in meinem Leben aufgeschrieben habe, darunter alle Materialien für diesen Einsatz! Die Mimik des Fahrers spricht Bände. Offenbar hält er meine Vorsicht für ziemlich merkwürdig. Im wegen des Ramadans fast leeren Lokal legt Altynbek meine Tasche dann irgendwo auf einer Sitzbank ab, während wir zum Büffet gehen. Auch er scheint nicht zu fürchten, dass sie abhandenkommen könnte.

Heute gibt es nur wenig Auswahl, aber wir bekommen ein leckeres Tagesgericht aus geschabtem Rindfleisch und Reis. Zum Essen trinken wir grünen Tee, der mir ausgezeichnet schmeckt. Altynbek erklärt mir, dass er aus gesundheitlichen Gründen nicht fasten dürfe. Nun erfahre ich auch ein wenig über die Pläne für die kommende Woche. Zu meiner Überraschung soll ich nicht nur Lehrer, sondern auch Schüler unterrichten. Die Sitzungen mit den Lehrern sollen an sechs Nachmittagen in der Woche, jeweils von 14 bis 17 Uhr stattfinden. Das ist schon mal ein Tag mehr und auch eine Stunde länger als vorher telefonisch besprochen. Als ich nachfrage, ob die Lehrer denn zu einer solchen Mehrbelastung bereit und in der Lage seien, deutet Altynbek Probleme an. Er erzählt von einem Fortbildungskurs, den er selbst gegeben habe. Da seien viele nicht motiviert gewesen, sich nachmittags noch fortzubilden. Warum wundert mich das nicht?

Nach dem Essen fällt mir noch ein, dass ich mich hier, wie in jedem Ort, an dem ich übernachte, registrieren lassen muss. Daran hatte Altynbek offenbar noch nicht gedacht. Er diskutiert mit seinem Begleiter, der während des Essens draußen gewartet hatte und der sich bereit erklärt, die Registrierung für mich zu veranlassen. Dazu gebe ich ihm meinen Pass, den ich morgen zurückbekommen soll. Hoffentlich.

Die Unterkunft ist ein kleines Fertighaus in einer größeren, von einer hohen Mauer umgebenen Wohnanlage, die man durch ein großes, durch Wachpersonal gesichertes Tor betritt. Altynbek erklärt, dass die Bungalows zu einem Joint-Venture Unternehmen in Kurgantepa gehören, das dort ausländische Angestellte unterbringt. Durch Googlen finde ich heraus, dass es sich um das große baumwollverarbeitende Unternehmen Khantex mit 4000 Mitarbeitern handeln muss. Das Haus besteht aus einem Wohnzimmer, einem Schlafzimmer, einem Arbeitszimmer, einer Küche und einem Bad. Alles neu und tip-top. Im Wohnzimmer steht eine Auswahl an nicht-alkoholischen Getränken bereit. Außerdem ist auf dem Gelände eine kleine Kantine, in der ich Frühstück und Abendessen bekommen soll. Kurz nachdem wir angekommen sind, steht plötzlich ein offensichtlich wichtiger Mensch aus Kurgantepa im Flur, um mich willkommen zu heißen. Er spricht nur usbekisch, aber Altynbek übersetzt. Später finde ich heraus, dass der Mann der Hakim ist, der Chef des Distrikts Kurgantepa, eine Position, die mit der eines Landrats vergleichbar ist.

Nebenan wohnt ein SES-Kollege, Werner, der an einer anderen Schule tätig war und heute verabschiedet werden soll (so verstehe ich jedenfalls Altynbek). Zur Party soll ich um 18.00 Uhr abgeholt werden.

Ich packe meinen Koffer aus, dusche und lege mich erst einmal schlafen. Dann schaue ich mir nochmal meine Unterlagen an. Ob die Materialien, die ich mitgebracht habe, wohl passend sind?

Für die Party mache ich mich einigermaßen chic: Helle Hose, braunes T-shirt, geblümte Bluse. Altynbek ruft an und teilt mit, dass er nicht kommen kann. Stattdessen werde ich von Werners Kollegin und Betreuerin Almagul abgeholt. Sie trägt ein hochgeschlossenes Kostüm und ein Kopftuch und rät mir, etwas Wärmeres anzuziehen. Oder etwas islamisch Korrekteres? Ich greife also schnell noch eine Jacke, die allerdings gar nicht zum restlichen Outfit passt. Dann machen wir uns zu dritt auf den Weg, wobei ich nebenbei erfahre, dass wir zu einem Event fahren, zu dem der Bürgermeister von Karasuv, der Hakim aus Kurgantepa, und der Gouverneur (vergleichbar mit dem Regierungspräsidenten) der Region Andijan erwartet werden. Es kann sich also keinesfalls um Werners *farewellparty* handeln.

Der Fahrer, derselbe wie heute Morgen, fährt halsbrecherisch. Werner hat ihn „Michael Schumacher" getauft. Zum Glück sitze ich vorn und kann mich anschnallen. Das Riskanteste an meinem Aufenthalt dürfte diese Fahrweise sein.

Als wir in Karasuv ankommen, fällt als erstes die starke Polizeipräsenz auf. Wir werden durchgelassen und gelangen zu einem Festgelände. Beim Aussteigen rät mir die Kollegin nochmal, die mitgenommene Jacke anzuziehen. Es sei hier deutlich kälter als in Kurgantepa. Alles klar. Ich knöpfe die Jacke auch gleich züchtig zu und ärgere mich, dass ich mit der langen bunten Bluse unter der kurzen karierten Jacke sehr merkwürdig aussehen muss und hoffe, dass man das hier für den ultimativen europäischen Chic hält.

Der Festplatz ist beeindruckend mit seiner riesigen Bühne und vielen großen und kleinen geschmückten Zelten, die Tische reichlich beladen mit allen erdenklichen Köstlichkeiten. Da wird mir klar, dass hier das Fastenbrechen gefeiert wird und ich erfahre, dass der Hakim das Fest für die Bürger von

Karasuv ausgibt. Es dauert eine Weile, bis man sich entschieden hat, an welchem Tisch und auf welchem Platz die Ehrengäste sitzen sollen. Dann nehmen wir Platz. Ich finde mich neben dem Hakim und Almagul wieder, die für Werner und mich dolmetschen muss. Außerdem sitzen an unserem Tisch noch die Imame von Kurgantepa und Karasuv, Werner, zwei hohe Polizeibeamte und weitere Menschen, die ich nicht einordnen kann. Auch eine sehr wichtig aussehende Dame im eleganten rosa Kostüm westlichen Zuschnitts erscheint, aber der Gouverneur nicht.

Zur Eröffnung hält der Hakim eine Begrüßungsansprache und stellt mich dabei vor. Ich verstehe nichts, aber alle jubeln mir zu. Ich winke ins Publikum und der Jubel wird noch größer. Keiner übersetzt, was er sagt.

Am Tisch brechen die Honoratioren das Brot und schenken Wasser ein. Aber man wartet noch auf den richtigen Augenblick für das Fastenbrechen. Als der gekommen ist, hört man den Muezzin und der ältere der Imame spricht ein kurzes Gebet. Dann wird gegessen. Besonders lecker sind die vielen verschiedenen mit Fleisch gefüllten Brote und Pastelen. Später gibt es noch Suppe und Plov. Schon zu Hause hatte ich von diesem usbekischen Nationalgericht aus Reis, Gemüse und Fleisch gehört und auf eine Gelegenheit gehofft, es zu probieren. Wie schön, dass das gleich am ersten Abend gelingt! Und tatsächlich schmeckt es ganz köstlich! Dazu trinken wir grünen oder schwarzen Tee. Jemand erklärt mir, dass das Porzellan mit dem Goldmuster typisch für Andijan sei. Offenbar hat hier jede Region ihr eigenes Geschirr. Das Andijan Philharmonic Orchestra spielt (alles ganz junge Leute in festlicher einheitlicher Kleidung), Sänger treten auf, die richtig gut singen können. Die Musik, die zum Teil auf traditionellen Instrumenten gespielt wird, ist hauptsächlich usbekisch und russisch. Als auch Sängerinnen auftreten, verlassen die Imame allerdings den Tisch.

Dann wird getanzt. Zuerst treten Tänzerinnen in farbenprächtigen traditionellen usbekischen Gewändern auf, nach und gesellen sich Frauen aus dem Publikum hinzu und zuletzt ist der Platz vor der Bühne voll: Jeder tanzt für sich bzw. mit wechselnden Partnern, Frauen mit Frauen, Frauen mit Männern, Männer mit Männern. Um besonders gute Tänzer bilden sich Kreise von Menschen, die sie anfeuern. Ich werde immer wieder aufgefordert mitzumachen. Die Frauen drängen sich geradezu danach, mit mir zu tanzen und lachen mich mit ihren Goldzähnen fröhlich an. Mehrmals tanze ich mit dem Hakim, einmal sogar in europäischer Tanzhaltung zu einer tangoähnlichen Musik. Ich weiß nicht, wer von uns dabei unbeholfener aussieht. Die elegante Schöne macht auch mit, aber erkennbar zurückhaltender. Dafür füttert sie mich am Tisch mit Pistazien, die sie für mich aus der Schale puhlt. Sie spricht allerdings genauso wenig Englisch wie die meisten anderen hier. Ich habe keine Ahnung, wer sie ist.

Irgendwann werden wir gefragt, ob wir Wodka wollen. Ich lehne dankend ab, aber Werner und einige andere lassen sich einschenken: Aus einer Wasserflasche in eine Teeschale. Der jüngere der Imame, der inzwischen zurückgekehrt ist, sieht lächelnd zu.

Langsam lehrt sich der Platz, aber auf der Tanzfläche wird immer noch ausgelassen getanzt, jetzt auch zunehmend von jüngeren Leuten. Die Musik kommt nun vom Band und ist sehr laut. Dazu singt eine westlich gekleidete Sängerin. Die Mädels auf der Tanzfläche haben zum Teil nur angedeutete Kopfbedeckungen oder gar keine, einige wenige tragen auch westliche Kleidung: enge Jeans und T-Shirts. Aber auch hier sieht man schon den einen oder anderen Goldzahn. Die Alten zeigen beim Lachen gern ihr total vergoldetes Gebiss, besonders wenn sie mit mir für Selfies posieren, was alle paar Minuten geschieht.

Gegen zehn Uhr verabschieden wir uns und „Michael Schumacher" fährt uns nach Hause. Meine Schuhe sind auf der leicht schlammigen Tanzfläche so dreckig geworden, dass ich versuche, sie an der Küchenspüle zu putzen. Danach sind der Spülschwamm und das Trockentuch so schmutzig, dass ich damit kein Geschirr mehr säubern kann. Mal sehen, wie ich das Problem löse.

Als ich eine Flasche Limonade in den Kühlschrank stellen will, bemerke ich, dass die Mineralwasserflasche darin merkwürdig aussieht und stelle fest, dass das Wasser gefroren ist. Der Kühlschrank war auf maximale Leistung eingestellt! Was das wohl mit meiner Heparinspritze gemacht hat, die im Kühlschrank auf die Rückreise wartet? Ich drehe das Thermostat auf Normaltemperatur und trinke einen Schluck aus der ungekühlten Flasche. Dann gehe ich ins Bad. Zu meinem Verdruss kommt jetzt fast kein Wasser mehr aus der Leitung. Ich schaffe es noch, mit den letzten Tropfen meine Zähne zu putzen.

Welcome to my school

Samstag, 23.04.2022

Nachts ist mir kalt. Ich falte die große Decke für das Doppelbett so, dass sie mich zweifach zudeckt. Aber ich friere immer noch. Im Schrank liegt ein Bademantel, den ich auch noch auf die Decke lege. Außerdem hole ich mir ein Halstuch. Jetzt geht es einigermaßen.

Morgens ist das Wasser zum Glück wieder da und ich kann heiß duschen. Dann ziehe ich die wärmsten Sachen an, die ich dabei habe und gehe zum Frühstück, das es zwischen sieben und halb acht geben soll. Es ist angenehm, auf der sonnigen Terrasse vor der kleinen Kantine zu sitzen. Ich ziehe sogar meine Jacke aus. Auf dem Tisch stehen schon Crèpes, ein gekochtes kaltes Ei, Brot, Butter, Honig und Käse bereit. Dazu bekomme ich einen Kaffee mit Milch. Um halb zehn sollen Werner und ich abgeholt werden und zu einer Veranstaltung mit dem Hakim gebracht werden. Ich ziehe mich also wieder chic an, diesmal aber mit einer zur Jacke passenden langärmligen Bluse. Als ich um halb zehn bei Werner klopfe, teilt er mir mit, dass die Veranstaltung auf einen unbestimmten Zeitpunkt verschoben wurde. Wir unterhalten uns eine Weile auf seiner Terrasse, bis er von seiner Betreuerin abgeholt wird, um für ein Abschiedsessen mit seiner Klasse auf dem Basar einzukaufen. Ich solle derweil warten, sie werde für mich herausfinden, wie mein Programm weitergeht.

In meinem Haus ist es immer noch kalt. Im Flur stelle ich die Klimaanlage auf 23 Grad ein. Nun heizt sie, aber nicht besonders kräftig. Also stelle ich die Anlage höher. Bei 25 Grad stellt sich im Wohnzimmer ein leicht spürbarer Effekt ein.

Nach einiger Zeit kommt ein Anruf von Altynbek, der mir mitteilt, dass ich um 14 Uhr abgeholt werde. Dann soll es zuerst zur Schule No. 13, danach zur Schule No. 12 und um

16 Uhr zur Schule No. 31, meiner Schule, gehen. Die Schule No. 12 sei eine bilinguale Schule und wolle sich mir vorstellen. Keine Ahnung, was das bedeutet. Ob ich dort wohl irgendwo etwas zu essen bekomme? Außer ein paar Erdnüssen aus dem Flugzeug habe ich hier nichts.

Den Vormittag nutze ich, um ein paar Mails auf meinem Laptop zu beantworten. Das WLAN funktioniert einwandfrei. Da ich noch viel Zeit habe, mache ich es mir auf dem Sofa gemütlich und schlafe ein.

Um ein Uhr klopft es und ich werde abgeholt, eine Stunde eher als angekündigt. Ich bitte um eine Minute, um wenigstens nochmal zum Klo gehen zu können. Zum Glück bin ich ja schon seit heute Vormittag ausgehfertig angezogen. Ich greife schnell noch meine Tasche und bin weg. Der Fahrer - Michael Schumacher - rast halsbrecherisch los. Offensichtlich hat er es noch viel eiliger als gestern.

Als wir an der Schule Nr. 13 ankommen, ist die Zeremonie auf dem Schulhof schon in vollem Gange. Das Eingangstor ist üppig mit Blumen geschmückt. Die Mädchen tragen farbenfrohe Röcke, weiße Blusen und bunt bestickte Kappen, die Jungen schwarze Westen über weißen Hemden, offenbar die traditionelle usbekische Kleidung. Ein einsam dastehendes Mädchen ist als Braut verkleidet. Der Hakim redet gerade und es wird klar, dass hier nun tatsächlich Werners Verabschiedung stattfindet. Die elegante Schöne ist auch wieder da, diesmal in einem roten Kostüm, und einer der Polizeikader in Zivil. Alle sind festlich gekleidet. Nur Werner trägt das für deutsche Lehrer typische schlabberige Outfit. Werners Betreuerin Almagul hat heute ihre Schuluniform an, bestehend aus einem blauen Rock, einer rosafarbenen Bluse und einer blauen ärmellosen Weste, und kein Kopftuch! Schüler und Lehrer verabschieden meinen deutschen Kollegen überschwänglich. Dann wird er noch usbekisch eingekleidet mit langem Mantel und einer merkwürdigen schwarzen Kopfbedeckung mit weißem Muster und mit einem großen Holzteller beschenkt. Nach dieser Zeremonie werden etliche Musik- und Tanzvorführungen dargeboten. Mist, ich habe in der Eile mein Handy vergessen. Was für beeindruckende Fotomotive, und ich kann sie nicht festhalten! Im Gebäude gibt es eine Präsentation der Hauswirtschaftsklasse (aber nichts zu essen) und auf dem Hof betätigen sich Arbeitsgemeinschaften mit Malen, Karate und Musik. Dann wird plötzlich zum Aufbruch gedrängt und ein Konvoi von Autos setzt sich in Gang zur nächsten Schule, der Schule No. 55 (nicht No. 12!). Werner bleibt an seiner Schule zurück.

Am Tor werden wir von der Direktorin empfangen. Der Hakim redet, die Direktorin redet. Ein Englischkollege übersetzt, dass man sich über meine Ankunft freue und dass man die Fremdsprachen an den Schulen der Region fördern wolle. Ich versuche, mich zu bedanken, aber keiner übersetzt, was ich gesagt habe und alle ziehen weiter. Es geht hier also um den Auftritt des Hakims, der es versteht, sich gebührend in Szene zu setzen.

Das Lehrerkollegium ist einheitlich gekleidet, die Damen in einem eleganten Tweed-Kostüm. Ob das im Sommer nicht viel zu warm ist? Die meisten tragen als Kopfbedeckung hinten verknotete Kopftücher, aber nicht alle.

Wir gehen durch ein Spalier von Ständen, an denen jedes Fach etwas vorbereitet hat. Ein Mädchen mit Taschenrechner fordert mich auf, bestimmte Zahlen und mein Geburtsdatum einzugeben. Offensichtlich soll etwas Überraschendes dabei herauskommen. Da ich mich beim Geburtsdatum aber vertippt habe, dauert es etwas länger und ich erfahre das Ergebnis nicht mehr, weil ich unmissverständlich aufgefordert werde, dem Hakim zu folgen.

Als nächstes erklärt eine Gruppe auf Deutsch Osterbräuche und zeigt bunt bemalte Ostereier. Ich lege den Kindern zwei Pakete von den Marzipaneiern, die ich mit mir herumgetragen habe für den Fall, dass Gastgeschenke angezeigt sind, in ihre

Osterkörbchen. Dann folgen noch Vorführungen in Technik, Hauswirtschaft (ich bekomme etwas zu probieren!), Puppenspiel, Judo, Sport, Tanz, darstellendes Spiel (Eine fröhliche Mädchengruppe wird von wilden Horden überfallen, aber tapfere usbekische Männer mit angemalten Schnurrbärten vertreiben die Schurken). Beeindruckend ist auch eine Gruppe von militärisch gekleideten Mädchen und Jungen, die vor uns exerzieren. Man sagt mir, dass sie sich auf das Militär vorbereiten. Dann führt eine Mädchengruppe einen Tanz nach einem englischen Popsong auf und ich werde aufgefordert mitzutanzen, was wieder allgemeine Begeisterung auslöst. Als ich mich in einer Ausstellung von künstlerischen Schülerarbeiten lobend äußere, bekomme ich ein Gemälde geschenkt, das so groß ist, dass es bestimmt nicht in meinen Koffer passt. Was mache ich nur damit?

Plötzlich wird wieder zum Aufbruch gedrängt. Auf dem eiligen Weg zum Auto höre ich nochmal viele Dankesworte von allen möglichen Leuten. Das Bild wird im Auto verstaut, wo sich zu meiner Überraschung noch drei weitere Gemälde befinden. Ich bin also nicht die einzige Beschenkte. Unterwegs bekomme ich plötzlich einen Hustenanfall, worauf der Begleiter auf dem Vordersitz den Wagen anhalten lässt und mir aus einem Laden Wasser holt. Die Menschen sind wirklich alle sehr um mich bemüht.

Als nächstes fahren wir zu einem großen, imposanten Gebäude, auf dem ich das Wort Kurgantepa lesen kann. Offenbar das Kreishaus. Die Wache lässt uns passieren. „Michael Schumacher" fährt allerdings am Gebäude vorbei und parkt an einem Seiteneingang, telefoniert, steigt aus und bedeutet mir, sitzen zu bleiben. Dann geschieht lange nichts. Der Fahrer plaudert in einiger Entfernung entspannt mit anderen Männern. Wozu haben wir uns dann eben so beeilt?

Plötzlich kommt er angerannt und fährt sofort los. Vor dem Hauptportal stehen jetzt die Limousinen des Hakims und der

Schönen im roten Kostüm, die auch starten. Im Konvoi fahren wir nun nach Karasuv, zu „meiner" Schule No. 31.

Am Eingang empfängt mich und eine ältere Dame, die mir als Schulleiterin vorgestellt wird. Sie umarmt mich gleich herzlich. Ich bin schon fast enttäuscht, dass die Blumendeko bescheidener ausfällt und das Spalier der Schüler fehlt. Vor dem Eingang steht aber wieder eine Braut, die sich verbeugt, als wir vorbeigehen. Was mag es damit auf sich haben? Dann wird uns zur Begrüßung Brot und Salz gereicht. Der Hakim und ich nehmen davon. Zu meiner Überraschung ist auch Altynbek anwesend. Er ist eigens aus Taschkent zurückgekehrt und wird morgen wieder hinfahren.

Die eigentliche Begrüßung findet in der Aula statt. Im Bühnenhintergrund sind Buchstaben angeheftet, die „WELCOME MRS GABRIELLA" ergeben. Das „R" in MRS ist offenbar später dazu gekommen. Wahrscheinlich hatte dort vorher MISS gestanden. Später fällt das S herunter. Nun steht da „WELCOME MR GABRIELLA". Wieder gibt es usbekische Tänze und Musik, allerdings deutlich weniger perfekt als an den anderen Schulen. Eine Englischlehrerin gibt ein paar Statements zum Fremdsprachenlernen ab. Eine Musiklehrerin spielt ein wenig zögerlich, um nicht zu sagen kümmerlich Geige, um nach ihrem Vortrag den Hakim um neue Instrumente zu bitten. Der redet wieder für mich unverständlich, aber eindrucksvoll. Angeblich soll er dabei auch die Instrumente zugesagt haben.

Ich bitte Altynbek, auch etwas sagen zu dürfen, aber er vertröstet mich auf ein Treffen mit den Englischlehrern.

Tatsächlich gehen wir als nächstes in einen Klassenraum, in dem die Englischlehrer an den Schülertischen Platz nehmen, die als Einzeltische akkurat hintereinander aufgereiht sind. Mir wird der Lehrertisch zugewiesen, der mit Blumen und einer usbekischen Flagge geschmückt ist. Wieder redet der Hakim sehr lebhaft und bezieht die Lehrer mit ein. Die wichtige Schöne steht lächelnd dabei und auch der Bürgermeister von Karasuv, der aber offenbar nichts zu sagen hat. Jetzt komme ich aber tatsächlich auch selbst zu Wort, kann mich höflich bei den *„local and regional authorities"* und der Schulleitung für das herzliche Willkommen bedanken und auch etwas zu Sinn und Zweck meines Einsatzes sagen. Ich weiß nicht, ob jemand das übersetzt hat. Die Lehrer nicken jedenfalls eifrig.

Dann verlässt die Prominenz den Raum und ich bleibe mit den Kollegen zurück, die mich erwartungsvoll anschauen. Was nun?

Wir machen erst mal eine Vorstellungsrunde. Alle Anwesenden sagen, wie sie heißen und an welcher Schule sie tätig sind. Nur einige unterrichten an Schule No. 31, die anderen kommen von benachbarten Instituten. Ich stelle interessiert Rückfragen. Das also ist „meine Klasse". Die Sprachkompetenz ist wie erwartet unterschiedlich gut. Einige sprechen ganz passabel mit leicht amerikanischem Akzent. Andere tun sich schwer. Aber niemand spricht katastrophal schlecht. Das hatte Werner anders prophezeit. So kommt nach und nach ein lockeres Gespräch zustande. Die Kolleginnen und Kollegen fragen mich nach allem Möglichen, besonders nach meiner privaten Situation. Verheiratet? Wie viele Kinder? Wie viele Enkel? Von sich aus äußern sie auch Erwartungen an den Kurs und wünschen sich tatsächlich, dass der Unterricht an sechs Tagen in der Woche stattfindet. Der Raum ist unser Unterrichtsraum und – anders als auf dem Foto, das ich vorab erhalten hatte, erkennbar – befinden sich darin nun ein Whiteboard, eine Leinwand und ein Beamer. Altynbek erklärt, dass all dies erst unlängst installiert wurde. Weil ich danach gefragt hatte?

Anschließend werde ich in den benachbarten Raum geführt, wo ein Tisch voll beladen mit Essen steht. Die Schulleiterin Raushan und einige Lehrkräfte setzen sich dazu, aber nur eine außer mir isst etwas. Ramadan! Besonders ans Herz gelegt wird mir ein Osterbrot, das die Russischlehrerin anlässlich des morgigen Osterfests gebacken hat. Die Schulleiterin redet ganz begeistert auf mich ein. Nur das Wenigste davon bekomme ich übersetzt, aber es kommt offenbar gar nicht darauf an, was sie sagt. Ich überreiche ihr mein Gastgeschenk: Ein Buch mit Bildern aus meiner Heimatstadt Hamm, kommentiert in vier Sprachen, darunter Russisch. Raushan interessiert am meisten, welche Waren auf dem Markt-Bild zu sehen sind.

Mehr Menschen kommen in den Raum und gehen wieder. Einige sprechen etwas Englisch, andere wollen nur ein Foto machen. Irgendwann fragt mich jemand, ob ich müde sei und die Schulleiterin tätschelt fürsorglich meine Wange. Ich gebe zu, dass das heutige Programm etwas anstrengend für mich gewesen sei.

Zum Schluss bekomme ich noch Brot und Bananen eingepackt und werde nach mehreren weiteren Selfies verabschiedet. Wie viele Leute mich an diesem Tag zu sich nach Hause eingeladen haben, weiß ich nicht mehr, vor allem weiß ich auch nicht mehr, wer.

Zum Schluss frage ich noch Altynbek nach meinem Pass. Er sagt, ich solle ihn morgen bekommen, und als ich etwas zweifelnd nachfrage, telefoniert er, um mich dann auf Montag zu vertrösten.

Unterwegs schlägt er mir vor, am nächsten Tag einen Ausflug nach Xonobod zu machen mit Raushan und noch jemandem, der irgendwie mit ihm oder der Schulleiterin verwandt ist. Ich werde mir nie merken können, wer hier mit wem wie verwandt ist, obwohl ich das ständig erklärt bekomme. Außerdem kündigt er für Mittwoch den zweiten Teil des Begrüßungsprogamms an, das man verschoben habe, weil ich ja müde sei. Echt jetzt?

Zuhause falle ich fast unverzüglich in einen Tiefschlaf, aus dem ich mich nur langsam wieder aufrappele. Zum Abendessen gibt es Brot, Banane und angenehm kühle Limonade in meiner Küche. Dann begebe ich mich an den Schreibtisch, um meinen morgigen Unterricht zu planen. Nachdem ich den Kurs kennengelernt habe, habe ich eine viel klarere Vorstellung, was sinnvoll getan werden kann.

Zu viel Regen und zu viel Wodka

Sonntag, 24.04.2022

Trotz der Klimaanlage auf 24 Grad friere ich nachts wieder und hole mir wieder den Bademantel.

Ich werde vom Wecker wach. Ob die Kantine überhaupt sonntags auf hat? Ich gehe hin und treffe dort auf einen Mann, der mir bedeutet, dass ich mich selbst bedienen soll. Ich finde Reste vom Abend: trockenes Brot, eine kalte Quiche, eine kalte Suppe und eine kochende Suppe mit einem großen Stück Fleisch darin.

Die Tische sind eingedeckt, so dass ich mir von jedem etwas hole, dann aber beschließe, nur die Suppe und die Quiche zu essen und den Rest mit in meinen Bungalow zu nehmen, wo es wenigstens etwas zu trinken gibt. Ich frühstücke also am Küchentisch mit trockenem Brot, Banane und Cola. Dabei kann ich Hirtenstare beobachten, die zwischen den Balken der Terrasse brüten und akrobatische Verrenkungen vornehmen müssen, um in ihr Nest zu gelangen (Den Namen der Vögel wusste Google).

Um halb elf kommt ein Anruf von Altynbek aus Taschkent, wo er auf den Beginn seiner Cambridge Prüfung wartet. Ich soll gleich abgeholt werden. Um kurz nach elf ist es so weit. Vor dem Tor steht ein kleines Auto mit zwei Kollegen meiner Schule. Den einen kenne ich schon. Er heißt Mamurjon und saß gestern in meiner Englischklasse. Wir fahren los durch das Zentrum von Kurgantepa, wo reges Treiben herrscht. Der Sonntag ist der klassische Tag zum Einkaufen, erfahre ich. Dann holen wir die Schulleiterin ab, die mit zwei Enkeln einsteigt. Zu sechst in einem Kleinwagen zu sitzen ist hier offenbar kein Problem, auch nicht auf den Straßen außerhalb der Ortschaften, die mit Schlaglöchern übersät sind. Fast überall stehen rechts und links Bäume, darunter viele Kirschbäume und Walnussbäume. Die ganze Gegend ist grün und landwirtschaftlich genutzt, vor allem mit Obst- und Baumwollanbau. Auch ein Wasserrad ist zu sehen. Am Straßenrand sind Kühe angepflockt. Manche Kuhhirten führen auch ein bis zwei Tiere an der Bankette entlang spazieren. Andere Tiere – Kühe, Schafe, Pferde - stehen auf Weiden oder werden auf offenen Wagen irgendwohin gefahren. In den Dörfern stehen am Straßenrand prächtige blaue Schwertlilien. Auch Eselskarren sind noch in Betrieb.

Ein doppelter Stacheldrahtzaun und Wachtürme zeigen an, dass wir an der kirgisischen Grenze sind. Wir fahren eine ganze Weile daran entlang. Bei einem Grenzübergang ist eine zerstörte Brücke zu sehen und ein riesiges Schild über der Straße, das uns sagt, dass wir uns in Usbekistan befinden. Im Ort Xonobod wird die Straße plötzlich sechsspurig, mit Blumen- und Baumbepflanzung: eine sowjetische Prachtallee. Der neue Teil des Orts wurde als sowjetische Vorzeigestadt geplant, wie ich später erfahre. Wir fahren zu einer wenig vertrauenserweckenden Seilbahn, die auf einen Berg führt, aber wegen des windigen Wetters außer Betrieb ist. Die Auffahrt auf den Berg schafft unser Auto nicht mit sechs Personen. Also fährt der Fahrer zweimal und kommt trotzdem nur mit Mühe hinauf.

Oben hat man einen guten Blick bis auf die kirgisischen Berge, aber wegen des Wetters ist die Aussicht nicht allzu spektakulär. Während Mamurjon und ich noch auf die zweite Fuhre mit Raushan und ihren Enkeln warten, spricht uns eine Frau mit zwei Töchtern an, die nach unserer Herkunft fragt. Sie stellt sich als Englischlehrerin aus Ferghana vor und freut sich riesig, jemanden zu treffen, mit dem sie Englisch sprechen kann. Zu meiner Überraschung lädt sie uns zum Plov-Essen ein. Ich versuche abzulehnen und berufe mich auf andere Pläne meiner Gruppe (die ich nicht kenne). Sie lässt sich aber nicht abschütteln und wir unterhalten uns, bis die anderen auch oben sind. Mit Raushan macht sie dann aus, dass sie mich nach unserem Spaziergang zum Essen mitnehmen kann. Die anderen können die Einladung nicht annehmen, da sie fasten.

Wir gehen dann an einem Riesenrad vorbei ein Stück über eine betonierte breite Treppe den Berg hinunter. Typisch sowjetisches Sonntagsausflugsziel. Auf einer Bank machen wir Pause und Raushan schaut sich die Fotos auf meinem Handy an. Eigentlich wollte ich ihr nur ein paar Bilder von meiner Familie zeigen, aber sie nimmt mir das Gerät gleich aus der Hand und scollt ungeniert durch meinen Fotospeicher, verliert aber angesichts meiner vielen Urlaubsbilder dann doch bald das Interesse. Anschließend telefoniert sie mit ihrer Nichte Zarema in Taschkent, um ihr dann am Telefon den deutschen Gast vorzustellen. Da die Nichte in den USA gelebt hat, spricht sie fließend Englisch und ich kann mich tatsächlich ganz nett mit ihr unterhalten. Sie hat eine Art, direkt zu sagen, was sie meint, die man hier selten findet. Sie stellt auch nicht die schon tausendmal gehörte Frage, wie mir Usbekistan gefällt (als ob ich das nach zwei Tagen sagen könnte!), sondern fragt ganz differenziert nach meinen ersten Elndrücken. Als ich die Freundlichkeit der Menschen lobe, höre ich dann zu meiner Überraschung den Satz, dass die Usbeken es mit der Gastfreundschaft auch manchmal übertreiben würden. So viel kritische Distanz zum eigenen Land habe ich hier noch nicht wahrgenommen (und werde es auch bei niemand anderem erleben).

Zurück am Ausgangspunkt unseres Spaziergangs wartet die Englischlehrerin aus Ferghana schon auf uns. Sie führt uns zu einer Stelle, wo bei schönem Wetter wohl ein Restaurant ist. Jetzt stehen da Holzgestelle wie große Betten und sonst nichts. Das Essen sei in zehn Minuten fertig. Wir setzen uns auf die Kanten der Bettgestelle und warten frierend im kühlen Höhenwind, besonders Mamurjon, der nur ein Polohemd anhat.

Tatsächlich ruft uns nach einiger Zeit jemand zu, dass das Essen fertig sei. Es stellt sich heraus, dass nur die Englischlehrerin und ich dem Ruf folgen. Die anderen bleiben wegen des Ramadans frierend zurück. Ich werde durch eine schmale Tür in einen Raum geführt und mich trifft der Schlag. Das Zimmer ist winzig mit einem vielleicht 3 x 3 Meter großen, mit Teppichen ausgelegten Sockel, auf dem ein niedriger Tisch mit allen möglichen Gerichten steht. Um den Tisch hocken oder knien sechs Frauen und genauso viele Kinder. Ich ziehe mir die Schuhe aus, klettere auf den Sockel und setze mich auf den Boden. Eine bequeme Sitzhaltung zu finden gelingt mir nicht so gut.

Es stellt sich heraus, dass alle Englischlehrerinnen auf einem gemeinsamen Ausflug sind. Wir können uns also gut unterhalten. Warum sie nicht fasten und auch keine von ihnen ein Kopftuch trägt, weiß ich nicht und traue mich auch nicht zu fragen. Das Plov (oder heißt es „der" Plov?) ist ganz köstlich. Vom frischen Salat, der auch sehr gut schmeckt, esse ich vorsichtshalber nur ganz wenig, weil mir die Regel *„Boil it, peel it or leave it"* einfällt. Schade eigentlich. Dazu gibt es natürlich Tee.

Nach relativ kurzer Zeit – ganz satt bin ich zwar nicht – verabschiede ich mich dann doch, um die anderen nicht länger in der Kälte warten zu lassen. Natürlich müssen noch Unmengen Fotos gemacht und Telefonnummern ausgetauscht werden, und eine Einladung nach Ferghana bekomme ich auch. Wäre interessant, hinzufahren.

Da inzwischen die Seilbahn aufgemacht hat, nehmen wir diese für den Rückweg. In den offenen Kabinen werden wir ganz schön nass, da es mittlerweile angefangen hat zu regnen. Mein armer kurzärmliger Kollege muss noch mehr frieren, was ihm angeblich nichts ausmacht.

Die nächste Station ist ein modernes Einkaufszentrum, wo Raushans kleiner Enkel auf den Indoor- Spielplatz gehen darf, während die Oma mit der Enkeltochter Einkäufe erledigt. Eine Attraktion ist offenbar auch die Rolltreppe, die von allen Anwesenden mit großer Vorsicht benutzt wird. Dann ist gegen 15 Uhr der Ausflug beendet.

Zuhause frage ich mich, was ich abends wohl zu essen bekomme und was ich überhaupt an dem Tag zu essen bekommen hätte, wenn wir nicht diese Frau getroffen hätten. Ich halte erst einmal einen verspäteten Mittagsschlaf unter der Bettdecke auf dem Sofa, denn es ist immer noch ziemlich kalt im Haus.

Um 18.30 Uhr gehe ich zur Kantine, die ja angeblich ab 18 Uhr geöffnet haben soll. Allerdings ist niemand dort. Die Frühstückstische sind noch nicht abgeräumt, so dass ich mich damit abfinde, dass es wieder trockenes Brot, Banane und Cola am Küchentisch gibt.

Vor meinem Bungalow treffe ich dann auf Werner und seine Betreuerin Almagul, die sich gerade zum Fastenbrechen bei deren Schulleiter auf den Weg machen. Kurzerhand werde ich eingeladen mitzukommen. Ein Anruf, und alles ist geklärt. Unterwegs machen wir noch bei einem Kollegen Halt, der Werner eine Art Auflage geliehen hat, die die harte Matratze etwas abfedern soll.

Der Kollege wohnt in einem typisch usbekischen Haus. In einer fensterlosen Wand ist ein großes Tor, das auf einen Innenhof führt. Dort ist ein kleiner Gemüsegarten, Hühner laufen umher und links ist ein Verschlag, in dem sich Schafe und Lämmer befinden. Rechts geht es ins Wohnhaus. Nachdem die Matratze zurückgegeben und sich mit etlichen Süßigkeiten ausführlich bedankt wurde, müssen wir uns beeilen, um rechtzeitig zum Fastenbrechen beim Schulleiter zu sein.

Dieser wohnt in einem ähnlichen Haus, dessen Innenhof allerdings etwas aufgeräumter aussieht. Wir werden von der gesamten Verwandtschaft begrüßt, den Eltern, den Brüdern, den Schwägerinnen und zahlreichen Kindern. Zunächst wird uns in einer silbernen Kanne und einer silbernen Schüssel

Wasser zum Händewaschen gereicht, dann betreten wir das Haus: Eine Pracht aus goldenen Vorhängen und dicken Teppichen. Der Tisch ist auch hier üppig gedeckt. Nach einem kurzen Hin und Her, wer wo sitzt, wird schon das Gebet gesprochen und es geht los. Wir waren offenbar zu spät und man hat auf uns mit dem Essen gewartet.

Inzwischen weiß ich, dass man sich bei allem selbst bedient, nur nicht beim Tee. Den darf nur der Gastgeber einschenken. Man beginnt auch immer mit einer Dattel. Wieder Austausch unendlicher Höflichkeiten in verschiedenen Sprachen. Inzwischen ist mir klar, dass es nicht darauf ankommt, was gesagt wird. Man versteht die Geste, nicht das Wort. Der 17-jährige Neffe spricht gut Englisch und freut sich über seine Rolle als Übersetzer. Gern erklärt er auch seine Zukunftspläne. Sein größter Traum ist es, in den USA zu studieren.

Schon bald kommt die Wodka-Flasche auf den Tisch. Als ich dankend ablehne und man mir stattdessen *„wine"* anbietet, bekomme ich einen Kräuterlikör. Der Bruder des Schulleiters trinkt so zügig, dass er nach einiger Zeit nicht mehr nüchtern ist und einen Streit anzettelt. Angeblich hat er seinen Bruder mit einer unfreundlichen Bemerkung beleidigt. Die Stimmung kippt von einem Augenblick zum anderen und alle Männer verlassen den Raum. Als ich schon befürchte, dass draußen nun eine Schlägerei stattfindet, kommen alle nach einer Weile wieder. Offenbar ist es gelungen, den Betrunkenen zur Raison zu bringen, der sich danach still verhält. Aber die gute Stimmung will nicht mehr aufkommen. Almagul macht sich am meisten Sorgen: Wenn ihr Mann von diesem Vorfall erfährt, wird er ihr womöglich nie wieder erlauben, einer solchen Einladung zu folgen.

Nach dem Hauptgang – eine köstliche Suppe mit einer Einlage aus Fleisch, Kohlrouladen und gefüllten Weinblättern – ist dann auch bald Schluss. Bevor wir gehen, bekommen Werner und ich noch ein eingepacktes Geschenk überreicht. Und ich bekomme ein Fresspaket mit. Nun habe ich reichlich Brot, gekochtes Gemüse und viele Süßigkeiten im Kühlschrank.

Als ich zu Hause mein Geschenk auspacke, trifft mich der Schlag: ein sechsteiliges Messerset einer Schweizer Firma, das auf dem Karton mit 139 Euro (!) ausgezeichnet ist. Um Gottes Willen! Das kann ich doch nicht annehmen! Ich bemühe das Internet und finde tatsächlich heraus, dass identische Messer in Usbeskistan für rund 12 Euro zu bekommen sind. Offenbar handelt es sich um Plagiate, wahrscheinlich aus China.

Zukunftspläne und ein Loch im Boden

Montag, 25.04.2022

In der Nacht regnet und gewittert es kräftig. Ich schalte sicherheitshalber die Klimaanlage aus, die inzwischen auf 28 Grad steht. Morgens frühstücke ich wieder in der Kantine, heute aber wegen des Wetters drinnen, wo es wenig gemütlich aussieht. Es gibt Griesbrei und kaltes Ei. Ich esse das Ei und die Hälfte des Griesbreis und verzichte auf das labberige Brot. Stattdessen nehme ich den zweiten Teil des Frühstücks mit Köstlichkeiten aus meinem Fresspaket ein.

Um neun Uhr ruft Altynbek an und fragt, ob ich jetzt abgeholt werden wolle. Ich frage, was anstehe und er nennt nur den Unterricht am Nachmittag, für den ich ja noch Materialien ausdrucken wolle. Ich sage, dass ich dafür keine fünf Stunden benötige, aber wir einigen uns darauf, dass ich um zehn Uhr abgeholt werde.

Um halb elf ist immer noch niemand da und ich frage per WhatsApp nach. Die Antwort ist, dass man im Stau stehe. Um elf Uhr klingelt Altynbek an der Tür. Sein Russischkollege Medet ist unser Fahrer. Altynbek zeigt mir das Druckerpapier und die Whiteboard-Stifte, die er eigens gekauft hat (deshalb wahrscheinlich die Verspätung). Außerdem erzählt er mir von der Himbeermarmelade, die seine Frau macht.

In der Schule packt Altynbek besagte Himbeermarmelade und Kekse aus für meine Pause. Außerdem bekomme ich einen flachen großen Brotfladen mit einem kunstvollen Brotstempel, auf dem Name und Telefonnummer des Bäckers zu erkennen sind.

Der Anschluss meines Laptops an den Beamer unter der Decke erfolgt reibungslos. Für das Ausdrucken muss noch der Druckertreiber für Altynbeks jackeligen alten Epson-Drucker installiert werden, dann funktioniert auch das. Das Gerät ist aber so langsam, dass es ewig braucht, um die benötigten Exemplare zu drucken. Auf meine Frage nach der Gruppenstärke zählt Altynbek die Stühle im Raum und kommt auf elf. Also elf Ausdrucke. Zum Glück sind es nicht die ursprünglich angekündigten 25 Teilnehmer. Ein Kopiergerät gibt es nicht, so dass wir einen anderen Weg finden müssen, die vorgesehene Lehrbuchseite zu vervielfältigen.

Bevor wir mit dem Drucken fertig sind, fragt Altynbek, ob die Schüler hereinkommen dürften. Welche Schüler? Es kommt dann eine Gruppe von Zehntklässlern, die sich mit mir unterhalten möchten. Sie stellen höfliche Fragen und bekunden ihren Wunsch, von mir lernen zu dürfen. Meinen die das ernst oder haben sie die Sätze vorher auswendig gelernt? Ich frage sie nach ihren Zukunftsplänen. Ein Studium im Ausland ist oft dabei und die Erklärung, etwas Nützliches für ihr Land und ihre Familie tun zu wollen. Ich sage natürlich, dass ich gern mit ihnen Unterricht machen werde, sofern das ihr und mein Stundenplan zulasse. Zwischendurch kommen zwei sehr offiziell aussehende Männer mit Wappen auf den Jacketts herein und machen Fotos, sagen aber nichts, nicht einmal guten Tag. Daraufhin beachte ich sie nicht weiter und sie sind auch bald wieder weg.

Als auch die Schüler fort sind, geht es mit den Vorbereitungen weiter, aber Altynbek drängt zum Lunch. Ich bestehe allerdings darauf, erst alles auszudrucken. Schließlich bin ich ohne Materialien aufgeschmissen. Die Lehrbuchseite wird irgendwo in der Schule eingescannt, das Ergebnis ist allerdings unleserlich. Im zweiten Anlauf fotografiert Altynbek die Seite und schickt sie über seinen Laptop an den Drucker. Nun ist die Qualität leidlich, und wir können essen.

Es stellt sich heraus, dass es keine Schulkantine gibt (auch das hatte ich anders verstanden). Der Russischlehrer fährt uns stattdessen zu einem Restaurant in der Nähe, das trotz des Ramadan geöffnet hat (Altynbek tut so, als sei das nur unseretwegen). Es gibt Kebab mit Salat, dazu Tee und im Hinausgehen ein Kaugummi.

Von Altynbek erfahre ich, dass die meisten Schüler in unmittelbarer Nähe der Schule wohnen und zu Fuß oder mit dem Fahrrad kommen. Einige würden auch von den Eltern gebracht. Die Lehrer kämen zu Fuß oder – so zum Beispiel er – mit dem Auto. Der Unterricht findet von 8 bis 12 und von 13 bis 17 Uhr statt.

Vor der Schule weist Altynbek auf die zwei (!) Fahrräder hin, die offenbar Schülern gehören. Geparkte Autos sehe ich keine.

In der Schule frage ich nach der Toilette in der Hoffnung auf einigermaßen akzeptable sanitäre Anlagen. Im Restaurant hatte ich auf einen Besuch des stillen Örtchens vorsichtshalber verzichtet. Malika, eine Lehrerin aus meinem Kurs, führt mich über das gesamte Schulgelände zu einem schon von weitem riechenden Häuschen und deutet auf eine Tür, hinter der sich eine Kabine befindet, die außer einem kleinen dreieckigen Loch im Boden und einem Abfalleimer nichts enthält. Die Akrobatik, die es erfordert, aus der Hocke wieder hochzukommen ohne den dreckigen Boden zu berühren, muss ich noch üben. In der Nähe gibt es eine Wasserleitung mit kleinen Löchern, aus denen beständig Wasser in eine Rinne tröpfelt. Hier kann ich meine Hände waschen. Malika hält auch ein Handtuch für mich bereit. Während ich mich noch abtrockne, kommt eine weitere Lehrerin, die etwas aufgeregt mit Malika spricht. Daraufhin entschuldigt sich diese tausendmal bei mir. Sie habe gerade erfahren, dass es eine neuere Toilette gäbe. Sie sei selbst erst seit kurzem an der Schule tätig und habe die alte noch aus ihrer eigenen Schulzeit gekannt. Also gibt es Hoffnung auf Besseres.

Dann erkundigt sich Malika noch, was ich denn am Sonntag gemacht hätte, um mir gleich anschließend zu sagen, dass sie die Bilder von unserem Ausflug nach Xonobod bereits in ihrer

Telegramgruppe gesehen habe. Wie selbstverständlich werden also Bilder von mir ins Internet gestellt. Na ja!

Um 14 Uhr soll mein Unterricht beginnen, aber es sind gerade einmal vier Kolleginnen eingetroffen. Das fängt ja gut an! Die Anwesenden sagen mir, dass die anderen wohl nicht kommen würden. Einige müssten Unterricht geben oder hätten keine Erlaubnis. Von ihren Schulleitungen? Von ihren Männern? Altynbek ist aber zuversichtlich, dass sie noch kommen würden. Sie steckten wahrscheinlich im Stau!

Tatsächlich sind nach einiger Zeit alle elf da, so dass wir mit dem Unterricht beginnen. Meine erste *think-pair-share-* Aufgabe, in der es darum geht, die Teilnehmer mitsamt ihren Erwartungen an den Kurs vorzustellen, funktioniert besser als erwartet. Nach erster Irritation darüber, dass kein Aufsatz geschrieben, sondern Interviews gemacht werden sollen, arbeiten alle bereitwillig mit und haben sichtlich Spaß daran, ihre Ergebnisse vorzutragen. Interessant sind die Beiträge zur Frage nach den Themenwünschen. Außer dem Thema „Methoden des Englischunterrichts", das von allen genannt wird, schlägt eine tatsächlich „Die Doppelbelastung der Frauen" vor. Das finde ich spannend. Sollte ich für dieses Thema vielleicht Altynbek, den zurzeit einzigen Mann in der Runde, hinaus bitten, damit sich die Frauen frei äußern können?

Der relativ lange Diagnose-Test wird zügig absolviert, wobei ich manchmal einschreiten und erklären muss, warum Partnerarbeit jetzt nicht sinnvoll ist. In einer kleinen Pause breitet Altynbek Brot, Kekse und die selbstgemachte Marmelade auf dem Lehrertisch aus. Wegen des Ramadan bin ich die einzige, die etwas isst und trinkt. Nur eine Schwangere nimmt auch eine Tasse Tee. Währenddessen hält Nadira, die recht gut Englisch spricht, den anderen einen Vortrag darüber, wie wichtig es sei, auch untereinander Englisch zu sprechen. Die meisten nicken zustimmend, aber keine sagt etwas, geschweige denn, dass sich eine von ihrem Platz rühren würde. Eine merkwürdige Pausenstimmung! Alle scheinen nur darauf zu warten, dass es endlich weitergeht. Irgendwann kommt Raushan herein und alle stehen ehrfürchtig auf. Nachdem sie irgendjemandem irgendetwas mitgeteilt hat, ist sie schon wieder weg.

Ich beende meine Teepause zügig und erkläre die nächste Aufgabe, die darin besteht, einen Elternabend zu simulieren, auf dem die Vorzüge des Englischlernens dargestellt werden sollen. Als Zeitvorgabe gebe ich den Rest der Stunde für die Phasen *„think"* und *„pair"* an. Die Präsentationen sollen dann morgen erfolgen. Wieder muss ich einige in der *Think*-Phase davon abhalten, Aufsätze zu schreiben. Feruza hat die Aufgabe gar nicht verstanden und ich helfe ihr dabei, sich in die Situation hineinzuversetzen und Argumente zu sammeln, die für das Englischlernen in der Schule sprechen. Durch hartnäckiges Fragen meinerseits gelingt es ihr mit Mühe, darüber nachzudenken, was der Allgemeinplatz *„open the doors for the future"* denn konkret bedeuten könnte. Nach wenigen Minuten ist Malika fertig und möchte unbedingt vortragen. Dass sie ihre Ideen zunächst mit der Partnerin abgleichen soll, findet sie offenbar unnötig. Wenig später haben auch die anderen ihre Stichpunkte beisammen und können es nicht abwarten, ihre Ergebnisse vorzustellen. So findet die Präsentationsphase also doch noch heute statt, und wir hören tatsächlich mehrere recht gelungene Beiträge. Neben den erwarteten Aspekten, wie Chancen auf dem Arbeitsmarkt, Globalisierung etc. bringt jemand das interessante Argument, dass es nützlich sei, wenn vor allem das erstgeborene Kind der Familie viel lerne, um sein Können an die anderen Kinder und die ganze Familie weiterzugeben. In diesem Sinne hält auch Altynbek einen weit ausufernden Vortrag über Investitionen in die Bildung des Erstgeborenen und erzählt, wie seine beiden jüngeren Kinder dem Ältesten nacheifern, besonders beim Tüfteln mit dem Zauberwürfel. Mit dem Thema hat das kaum noch etwas zu tun und ich kann ihn nur mit Mühe davon abhalten, noch mehr Geschichten aus seinem Familienleben zu erzählen. Die Schwangere, die angekündigt hatte, eher gehen zu müssen, verdreht schon die Augen. Als ich den Unterricht beende, fragt doch tatsächlich Nadira nach Hausaufgaben für den nächsten Tag. Nachmittags um fünf Uhr!

Auf jeden Fall hat es mir großen Spaß gemacht, wieder einmal vor einer Klasse zu stehen. Auch wenn es sich um Erwachsene handelt. Auch wenn sich sprachliche und methodische Abgründe auftun. Die Motivation und Freundlichkeit gleichen alles aus.

Im Hinausgehen wundert sich Altynbek, dass ich das Lehrbuch mitnehme. Ich könne es doch in der Schule lassen. Und wie soll ich mich dann auf morgen vorbereiten?

Auf dem Heimweg fragt mich Altynbek, ob ich meinen Pass zurückbekommen habe, was nicht der Fall ist. Wann und wo hätte das denn geschehen sollen? Er telefoniert wieder und vertröstet mich auf morgen. Trotzdem halten wir am Kreishaus an, wo Altynbek sich mit *„I have some business"* verabschiedet und eine halbe Stunde lang verschwunden ist. In der Zeit unterhalte ich mich mit Medet, der wieder unser Fahrer ist. Es spricht so wenig Engllsch wie ich Russisch, aber *Google translate* macht es möglich. Als Altynbek zurückkommt, ist von meinem Pass keine Rede. Im Stadtzentrum von Kurgantepa drubbeln sich wie immer die Autos und suchen sich laut hupend ihren Weg. Ein richtiger Stau ist das aber noch lange nicht.

Als ich Genaueres über die weiteren Planungen wissen will, insbesondere über den Unterricht für die Schüler, erhalte ich die Antwort, dass ich, wenn ich wolle, die Schüler morgen unterrichten könne. Darauf bin ich aber gar nicht versessen. Schließlich habe ich elf Tests auszuwerten und die Sitzung für morgen vorzubereiten. Im weiteren Gespräch stellt sich dann heraus, dass für morgen Vormittag weitere Schülervorführungen zu meiner Begrüßung geplant seien. Sollte das nicht Mittwoch sein? Auf jeden Fall soll ich um zehn Uhr abgeholt werden.

Zuhause bereite ich mir aus meinen Köstlichkeiten ein schönes Abendessen am Küchentisch. Altynbeks Brot und die Marmelade sind ja noch hinzugekommen. Das Gemüse vom Vortag kann ich sogar in der Mikrowelle warmmachen.

Den Rest des Abends benötige ich für die Bearbeitung der Tests und die Unterrichtsvorbereitung. Dass ich dabei aus Versehen einen ausgefüllten Test als Schmierpapier benutze, ist wohl meiner Müdigkeit geschuldet. Ich hole also die Schere aus dem Messerset, schneide meine Kritzeleien heraus und flicke das Ganze mit Papier und Klebstoff, den ich vorausschauend von zu Hause mitgebracht habe. Man weiß ja, was ein Lehrer für sein Handwerk so braucht.

Russische Lyrik und usbekische SIM-Card

Dienstag, 26.04.2022

Heute ist das Wetter besser und ich frühstücke auf der Terrasse der Kantine. Ich esse aber nur die Pfannkuchen und das frittierte Toastbrot und trinke den Kaffee. Käse und Butter wickele ich in eine Serviette. Schließlich habe ich in meiner Küche besseres Brot und die leckere Himbeermarmelade.

Pünktlich um zehn Uhr bekomme ich den Anruf, dass ich zum Tor kommen soll. Dort ist aber niemand. Ich warte also, und tatsächlich kommt um 10.15 Uhr ein Taxi und fährt mich zur Schule. Allerdings muss der Fahrer unterwegs nach dem Weg fragen.

In der Schule ist ein großer Auftrieb von festlich gekleideten Menschen, darunter wieder sehr wichtig aussehende. Ich erfahre, dass es sich um Russischlehrer aus der ganzen Region handelt, die heute hier ein Seminar abhalten. Im Forum ist eine kleine Ausstellung zu russischen Osterbräuchen mit Osterbrot und bemalten Eiern.

Zum Glück habe ich noch genügend Zeit, um weiteres Material auszudrucken. Dann versucht Altynbek vergeblich, eine usbekische SIM-Card in meinem Handy zu installieren. Auch zwei herbeigerufene IT- und iPhone-Spezialisten bekommen das Ding nicht ans Laufen.

Schließlich geht es in die Aula, die schon voll besetzt ist mit tadellos gekleideten Russischlehrerinnen und –lehrern. Die Schüler haben zum Teil russische Trachten oder Uniformen an. Da wo die Buchstaben zu meiner Begrüßung aufgehängt waren, steht jetzt etwas auf Russisch.

Durch das Programm führt eine Lehrerin scheinbar in gereimter Form. Die Kinder führen Tänze auf (sehr niedlich), tragen aber auch ganz feierlich Gedichte vor. Auf meine Frage, worum es in dem gerade gehörten Gedicht gehe, sagt Altynbek, es sei ein Gedicht gegen den Krieg. Welcher Krieg? Und warum die Uniformen? Das nächste Gedicht wird so emotional vorgetragen, dass Altynbek mit den Tränen kämpft. Ich verstehe, dass es um einen russischen Frontsoldaten geht, der seiner Mutter in der fernen Heimat schreibt. Zusammen mit den uniformierten Schülern und der russischen Musik finde ich das schon sehr verstörend. Ich muss unentwegt an den Krieg denken, der gerade in der Ukraine tobt mit Soldaten, die so ähnlich aussehen wie diese Schüler. Nichts deutet darauf hin, dass diese Tatsache irgendjemandem bewusst ist. Mit meiner Begrüßung hat das Ganze gar nichts zu tun. Und schon gar nicht mit meiner Müdigkeit vor zwei Tagen. Warum erzählt man mir so einen Quatsch?

Hinterher gehen wir in einen Raum, den ich schon von Samstag kenne, und wieder steht der Tisch voller Gebäck und Süßigkeiten. Dazu gibt es Kaffee und Tee. Hier sitzt ein Mann, mit dem ich ein paar Worte auf Russisch wechsele, so gut es eben geht. Wer er ist, finde ich nicht heraus. Später bitte ich Altynbek, mir genauer zu erklären, worum es in den Gedichten gegangen sei. Altynbek sagt, er habe es eigentlich vermeiden wollen, mir den Inhalt zu übersetzen. Es sei um die Gräuel des zweiten Weltkrieges und den glorreichen Sieg der roten Armee gegangen. Dann versichert er, wie sehr er Krieg verabscheue, und wir unterhalten uns tatsächlich über die aktuelle Situation in der Ukraine, die Altynbek als sinnlose Idiotie bezeichnet. Wer dabei die Idioten sind, führt er nicht weiter aus.

Das ernste Gespräch wird von Medet unterbrochen, der von seiner heutigen Vorführstunde im Rahmen der Tagung erzählt, die er schon nach 30 Minuten beendet habe, da er mit dem Stoff fertig gewesen sei. Bei seinen Kollegen sei die Stunde gut angekommen. Darauf unterhalte ich mich mit Altynbek über kollegiales Feedback, das an der Schule fest institutionalisiert sei. Jeder Lehrer müsse zwei Stunden in der Woche bei einem Kollegen hospitieren. Das Feedback verlaufe dann nach der Sandwichmethode: Gutes – Kritikwürdiges – Gutes. Während das Verfahren aus seiner Sicht sinnvoll sei, sei die frühere Pflicht, für jede Stunde einen Entwurf bei der Schulleiterin abzugeben, zum Glück aufgehoben worden, so dass jetzt nur noch ein Jahresplan einzureichen sei. Als ich mich wundere, wie eine Schulleiterin hunderte von Unterrichtsentwürfen pro Woche lesen kann, meint Altynbek nur, das sei schließlich ihr Job. Als nächstes werden wir von Lehrerinnen unterbrochen, die sich mit mir per *Google translate* unterhalten. Auch sie wollen wissen, ob ich verheiratet sei und Kinder habe – ein Thema, das offenbar von höchstem Interesse ist. Nach den obligatorischen Selfies mit den Kolleginnen ist eine Gruppe von Schülern an der Reihe, sich mit mir unterhalten zu dürfen. Einer wirkt besonders streberhaft und redet so eifrig, dass die anderen kaum zu Wort kommen. Alle betonen in unterschiedlichen Varianten, dass das Lernen wichtiger sei als jegliche Freizeitbeschäftigung. Einer sagt sogar, Computerspiele seien *„a waste of time"*. Es gelingt mir kaum, das Gespräch zu beenden. Als alle wieder draußen sind, schleicht sich einer der Schüler samt Mutter, die Geschichtslehrerin an der Schule ist, wieder herein, setzt sich neben mich und erzählt mir alles Mögliche von seinen Zukunftsplänen, die, wie bei den meisten, ein Studium in Oxford und den USA einschließen. Das Gespräch endet, auch wie so oft, mit einer Einladung zum Essen. Als letztes sind die niedlichen Tänzerinnen dran und ich posiere auch mit ihnen für ein Foto.

In der Zwischenzeit hat Altynbek aus dem Restaurant von gestern Kebab und Salat kommen lassen, und es wird wieder gegessen.

Bevor der Unterricht startet, frage ich nach den neuen *„washrooms"* und eine Kollegin führt mich hin. Sie liegen auf der anderen Seite des Schulhofs und sind durch zwei außen angebrachte Waschbecken zu erkennen. Darüber Schilder mit Hinweisen zum korrekten Händewaschen. In mir keimt Hoffnung auf, die aber schnell schwindet, als ich die Tür mit dem Symbol für das Damen-WC öffne. Es ist keineswegs ein WC, sondern ein ordentlich gefliester Raum mit eingebauten Kabinen, die allerdings nur Brusthöhe haben. Darin befindet sich auf einem Marmorboden wieder ein dreieckiges Loch, das allerdings noch kleiner ist als das gestrige. Dass nicht allen das Zielen gelungen ist, kann man sehen. Dafür entdecke ich eine Methode, aus der Hocke hochzukommen ohne irgendetwas zu berühren: Man kann sich mit den Händen auf den eigenen Füßen abstützen.

Draußen bedeutet mir die Kollegin dann, dass die Waschbecken nicht zu benutzen sind. Sie zeigt mir eine Wasserleitung, die in Kniehöhe über einer Art Kanal angebracht ist. Es gelingt mir, beim Händewaschen nicht hineinzufallen.

Im Unterrichtsraum trudeln nach und nach Kolleginnen und Kollegen ein, darunter auch einige, die ich noch nie gesehen habe. Um Punkt zwei Uhr sind fünf bis sechs da, davon die Hälfte unbekannt. Na toll! Das wär's dann mit der Lernprogression. Auch ein Schüler kommt herein und setzt sich kommentarlos an einen Tisch. Etwas irritiert frage ich Altynbek, was es mit dem jungen Mann auf sich habe, und erfahre, dass der Schüler sich gern mit mir unterhalten will. Jetzt und hier? Wo doch eigentlich die Lehrerfortbildung schon hätte beginnen sollen? Ich nehme mir also ein paar Minuten, um mich mit ihm über die üblichen Themen Schule, Freizeit und Zukunftsplanung zu unterhalten. Als ich das Gespräch beende, fragt er unsicher *„Can I go?"*. Dass vor und nach meinem Unterricht, manchmal sogar während meines Unterrichts die Tür aufgeht und Lehrer oder Schüler neugierig hereinschauen, daran werde ich mich gewöhnen müssen.

Der Unterricht beginnt dann mit der Rückgabe der Tests und meinem Bemühen, die Namen zuzuordnen, was zu ersten Lachern führt. Mein stümperhafter Versuch, die usbekischen Namen auszusprechen, ist offenbar sehr belustigend. Dann geht es mit neuen Aufgaben zur Förderung der *speaking skills* weiter. Und wieder fällt es manchen schwer, meine Arbeitsaufträge umzusetzen. Ich muss wiederholt daran erinnern, dass es um Sprechen geht, nicht um Schreiben. Dass man im Unterricht nicht nur mit dem Lehrer, sondern auch untereinander sprechen kann, ist offenbar völlig ungewohnt. Der Niveauunterschied bewirkt aber zum Glück, dass die Starken die Schwachen unterstützen und ermutigen, trotzdem fürchte ich, dass einige sehr Schwache sich abgehängt fühlen könnten.

In der Pause bekomme ich wieder Tee und Kekse, aber niemand anderer pausiert. Stattdessen geht die „Klassenbeste" mit den anderen den Test durch und erklärt, was die richtigen Antworten gewesen wären. Die Phase wäre also bereits erledigt. Ein neu hinzu gekommener Kollege schreibt den Test nach, was allerdings nicht sehr aussagekräftig sein dürfte, wenn gleichzeitig die richtigen Antworten bekannt gegeben werden.

Altynbek tauscht an meinem Handy die nicht funktionierende SIM-Karte gegen eine andere aus. Ich weise ihn darauf hin, dass meine eigene, in der Schutzhülle versteckte SIM-Karte nicht verloren gehen dürfe. Dann teste ich mein Handy, indem ich das Roaming ausschalte und meine E-Mails lesen kann. Das funktioniert.

Nach der Pause ist dann doch die Luft raus. Statt sich mit der nächsten *task* zu beschäftigen, stellen mir die Kollegen Fragen nach meinem Leben in Deutschland. Sie wollen wissen, ob Deutsche wirklich so streng und immer pünktlich seien. Und ob ich einen *„culture shock"* erlebt hätte, was ich vorsichtig bejahe. Natürlich muss ich das erklären, verzichte aber darauf, von den Toiletten zu sprechen. Ich erzähle also etwas von unterschiedlichen Haltungen gegenüber der Familie und von meiner Beobachtung, dass ständig Leute in einen Raum kommen ohne anzuklopfen. Die Vorstellung, dass man das in Deutschland nicht tut, finden sie witzig.

Da alle müde sind und Malika etwas von ihrer kranken Tochter erzählt, schließen wir eine halbe Stunde eher. Die Lehrer verabreden, dass die noch ausstehende Aufgabe zu Hause erledigt wird (nicht meine Idee, um halb fünf den Lehrern noch Hausaufgaben zu geben!).

Altynbek schlägt vor, dass wir mit öffentlichen Verkehrsmitteln nach Kurgantepa fahren, dort einen Spaziergang machen und ich von da mit dem Taxi nach Hause fahre. Als ich nach meinem Reisepass frage, telefoniert er erneut.

Wir haben kaum die Schule verlassen, als Altynbek ein Auto anhält, in dem er einen ehemaligen Schüler erkannt hat. Der nimmt uns bis Kurgantepa mit. Auf der Fahrt schlafe ich ein wenig.

An der Kreisverwaltung von Kurgantepa treffen wir auf „Michael Schumacher", der uns freundlich zuwinkt und aus seinem Auto meinen Pass samt Meldebescheinigung holt. Uff!

Von hier aus gehen wir über die Hauptstraße mit unzähligen Marktständen, Kebab- und Hähnchengrills. Leider kann ich den Grillgeruch kaum wahrnehmen. Offenbar eine meiner späten Coronafolgen. Rechts gehen weitere kleine Marktstraßen ab. Die Erdbeeren sehen verlockend aus, aber wie soll ich die waschen mit der halben Flasche Mineralwasser, die ich noch habe? Als Altynbek merkt, dass meine Begeisterung für den Markt nicht überbordend ist, ruft er einen anderen ehemaligen Schüler an, der mich nach Hause fährt.

Zuhause mache ich mir Abendbrot mit meinen Resten, die heute nicht mehr so üppig sind. Auch das Brot ist inzwischen ziemlich trocken geworden.

Dann will ich meine eigene SIM-Karte einlegen, um ggf. von zu Hause erreichbar zu sein. Allerdings ist keine da! Altynbek muss sie verloren haben, als er mit meinem Handy hantierte. Also versuche ich, ihn anzurufen, und als er nicht ans Telefon geht, schreibe ich eine Nachricht. Kurze Zeit darauf meldet er sich. Der Klassenraum sei abgeschlossen und nur er habe den Schlüssel, also müsse die SIM-Karte morgen zu finden sein.

Später ruft er nochmal an und sagt, es sei doch meine SIM-Karte, die er gegen die usbekische ausgetauscht habe. Das hatte ich so nicht verstanden. Aber tatsächlich, in meinem Handy befindet sich meine SIM-Karte. Ich entschuldige mich tausendmal für meine Dummheit.

Kurz drauf bekomme ich eine SMS von O2. Es seinen 160 Euro Gebühren angefallen. Jetzt ärgere ich mich richtig und schalte schnell das Roaming wieder aus. Teures Lehrgeld!

Meine Unterrichtsvorbereitungen für den nächsten Tag gehen recht schnell. Schließlich ist noch eine bereits vorbereitete Aufgabe zu absolvieren. Dann habe ich noch eine Stunde Zeit, bis um 21.30 Uhr mein online-Griechischkurs bei der VHS Münster beginnt. Ich finde es toll, dass ich von so weit weg meinem Hobby Griechischlernen nachgehen kann und freue mich darauf, die Kollegen damit zu beeindrucken, dass ich mich aus dem fernen Usbekistan zuschalte. Um nicht beim spätabendlichen Kurs einzuschlafen, lege mich jetzt für ein kleines Nickerchen aufs Bett und stelle vorsichtshalber den Wecker, was sich aber als unnötig herausstellt. Die drei Minuten Schlaf im Auto waren offenbar ausreichend.

Der Griechischkurs ist dann doch eher eine Qual. Es geht um Osterbräuche in Griechenland und Deutschland mit allen Details. Zum Glück kann ich dank der Ausstellung von heute Morgen ein paar russische beisteuern. Maria, unsere Lehrerin, schreibt unzählige Vokabel an, die mich nicht interessieren. Wenn ich dran bin, stottere ich mehr als dass ich rede. Nachdem ich heute Morgen noch mühsam um russische Wörter gerungen habe, fallen mir nun die einfachsten griechischen nicht mehr ein.

Ich bin froh, dass ich um 23.30 Uhr ins Bett gehen kann.

Ökologie und Phonetik

Mittwoch, 28.04.2022

Zum Frühstück gibt es Porridge mit Kirschkompott, sehr lecker. Ich esse auch Brot und Käse in der Kantine, denn das Brot in meiner Küche ist nun wirklich nicht mehr frisch.

Gegen 9.30 Uhr holt mich das Taxi ab und wir fahren zur Schule No. 49 in Kurgantepa. Dort steht das Empfangskomitee schon bereit. Ich bekomme als erstes einen Blumenstrauß, und die Schulleiterin führt mich über das Schulgelände, begleitet von einigen Schülern und der übersetzenden Englischlehrerin. Ich erfahre von der ökologischen Ausrichtung der Schule, dem eigenen Obstgarten und der energiesparenden Bauweise. Auch die Schüler erklären eifrig die Philosophie ihrer Schule. Dann geht es durch ein Spalier von Schülern ins Gebäude. Wie lange die Kinder wohl schon still stehen mussten? In der Eingangshalle dann wieder verschiedene traditionelle und moderne Tänze. Auch ich muss wieder vortanzen. Die Schulleiterin und eine andere Lehrerin machen mit. Rechts und links zeigen Schüler die Ergebnisse ihres Technik- und Kunstunterrichts. Ich bekomme zwei Bilder geschenkt (zum Glück ohne Rahmen!). Und die Vitrine mit den Auszeichnungen der Schule und den Sprachzertifikaten einzelner Lehrer muss ich auch bewundern. Dann geht die Besichtigung weiter. Ein Spalier von Schülern zeigt den Weg. Das Treppenhaus und die Flure sehen einladend aus, die Wände großflächig bemalt mit zu den Fächern passenden Bildern. Ich bekomme erklärt, dass die meisten Nachmittagsaktivitäten freiwillige und – wie betont wird – kostenfreie Angebote sind. Der Kreativkurs führt allerlei Gebasteltes vor, wobei Wert darauf gelegt wird, dass man bei der Auswahl der Materialien umweltschonend vorgeht. Ich bekomme Papierblumen und ein aus Pappe und Krepppapier gebasteltes Mini-Lastenfahrrad geschenkt.

Als nächstes gehen wir in die Primary School, wo Erstklässler mich ganz niedlich begrüßen und ein englisches Gedicht aufsagen. Als es mit dem Singen von *„Good morning to you"* nicht klappt, weil die Kinder ganz eingeschüchtert sind, übernehme ich kurzerhand und stimme das Lied an, das auch bei uns im Eingangsunterricht gern gesungen wird. Welch ein Wahnsinn! Ich habe doch noch nie singen können! Die Kleinen singen aber tatsächlich fröhlich mit, und ich bin froh, mich nicht blamiert zu haben. In der Bibliothek bekomme ich den Beginn einer bilingualen Geschichtsstunde über die ökologische Problematik des Aralsees vorgeführt (Ist das nicht eher Geografie?). Der Lehrer liest seinen Vortrag vom Blatt ab und stellt dann einige Fragen, die die Schüler mit auswendig gelernten Beiträgen beantworten. Mit Unterricht hat das leider rein gar nichts zu tun. Dabei hätte ich das Thema wirklich interessant gefunden! Als der Lehrer den zweiten Teil der Stunde einleitet, verlassen wir den Raum und gehen in die Aula, wo schon viele Schüler und Lehrer versammelt sind. Auch der Geschichtskurs, der soeben noch Sätze über den Aralsee aufsagen musste, kommt herein.

Auf dem Podium ist eine Reihe von Tischen und Stühlen aufgebaut, wo ich mit der Schulleiterin, Altynbek und der Englischlehrerin Platz nehme. Ich werde nochmal ausführlich begrüßt und bekomme einen Bildband über die Buchkunst des 15. Jahrhunderts mit Widmung sowie ein usbekisches Gewand, das ich unter dem Applaus des Publikums anziehe. Es folgen eine Powerpoint-Präsentation über die Schule, musikalische Vorträge auf traditionellen Instrumenten und ein Gesangsvortrag eines Geschwisterpaars, das einen nationalen Wettbewerb gewonnen hat. Dann ist Zeit für eine sehr ausführliche Fragestunde. Die Schüler wollen alles Mögliche wissen und fragen nicht nur nach meiner Familie (natürlich zuerst), sondern auch nach Fußball, deutschen Universitäten, den Sehenswürdigkeiten Berlins und vielen anderen Dingen, auf die ich niemals gekommen wäre. Als ein Schüler nach den Rheinburgen fragt, trägt eine Lehrerin spontan die erste

Strophe von Heines „Loreley" vor. Ich steuere dann die zweite bei. Es geht insgesamt diszipliniert und locker zugleich zu. Der einstudierte Teil geht unmerklich in einen spontanen über. Solche Schüler, die sich für jede Antwort höflich bedanken, hätte ich auch früher schon gern gehabt. Als ich einen Hustenanfall bekomme, wird man dann ganz aufgeregt und will mir Wasser holen. Der Anfall ist längst vorbei, als ein Schüler ein riesiges Tablett mit Wasser, Tee und Kaffee bringt. Ich trinke dankbar einen Schluck Tee. Dann ist es an mir, den Schülern Fragen zu stellen. Sie erzählen von ihren ambitionierten Zukunftsplänen im Ausland, aber auch davon, dass sie zu Geld kommen wollen, um ihren Eltern eine Pilgerreise nach Mekka zu ermöglichen.

Nachdem ich mich zum Schluss in das Gästebuch eingetragen habe, in dem sich vor mir offenbar sehr prominente Gäste, die ich alle nicht kenne, verewigt haben, werde ich verabschiedet, allerdings erst nach einer langen Fotosession auf der Treppe vor dem Gebäude und vielen individuellen Selfies. Ich überreiche der Schulleiterin noch eine mitgebrachte Marzipanschachtel, die im Vergleich zu den Blumen und Geschenken, die ich davon trage, allerdings sehr mickrig wirkt.

Im Taxi zum Restaurant „Kamron" in Karasuv, demselben, in dem wir schon zuvor gegessen haben, begleitet uns noch die Englischlehrerin der Schule No. 49, eine reine Geste der Höflichkeit. Sie fährt im selben Taxi wieder zurück nach Kurgantepa, und Altynbek und ich essen eine sehr gute Suppe mit Brot. Während der Mahlzeit fragt mich Altynbek zuerst danach, wie viel Geld ich verdiene und dann – sozusagen als Reaktion auf meine ehrliche Antwort - nach den Einwanderungsbedingungen in Deutschland und seinen Chancen dort unterrichten zu können. Er verweist auf seinen Bachelor-Abschluss und das C1-Diplom, das er hoffentlich in Kürze haben wird. Er müsse unbedingt mehr Geld verdienen, um seinen Kindern eine gute Zukunft sichern zu können. Ich rede mich heraus, dass ich zur Anerkennung von Abschlüssen nichts Genaues wisse, verspreche aber, mich kundig zu machen. Als Englischlehrer in Deutschland kann ich ihn mir gar nicht vorstellen! Für hiesige Verhältnisse spricht er zwar sehr gut, aber in Deutschland wird zu Recht mehr erwartet.

Da nichts schlimmer sein kann als die Toiletten in der Schule, teste ich die Örtlichkeit im „Kamron". Und tatsächlich gibt es ein komfortableres Stehklo und ein funktionierendes Waschbecken mit Seife aus einer Fanta-Flasche. Ich hätte nie gedacht, dass ich nochmal lernen würde, Qualitätsunterschiede bei Stehklos zu würdigen.

In der Schule erwartet uns im Klassenraum schon eine Lehrerin namens Gulbanu, die ich zum ersten Mal sehe. Sie will auch am Kurs teilnehmen und erzählt mir von einem deutschen Brieffreund, mit dem sie aber zu ihrem Bedauern keinen Kontakt mehr habe. Morgen wolle sie ein Bild von ihm mitbringen. Dann kommt noch Jahongir neu hinzu, der sich bitter darüber beklagt, dass er kein Einreisevisum für Deutschland bekommen habe, weil er kein Deutsch spreche. Man sähe doch an mir, dass die Deutschen Englisch sprächen und er sei schließlich ein Englischlehrer. Da könne es auf Deutschkenntnisse doch nicht ankommen. Von dieser Ansicht lässt er sich auch durch meine vorsichtigen Einwände nicht abbringen. Dass seine Englischkenntnisse auch nur rudimentär sind, thematisieren wir besser nicht.

Als der Unterricht beginnt, sitzen insgesamt drei Neue im Raum. Dafür fehlen andere. Ich muss mich also damit abfinden, dass die Stunden nicht aufeinander aufbauen dürfen. Als Sprechanlass und um die Neuen ins Bild zu setzen, lasse ich erst einmal erklären, was wir in den ersten zwei Sitzungen gemacht haben. Das gelingt einigermaßen, obwohl so etwas wie Chronologie dabei nicht zustande kommt. Es ist aber interessant, was behalten wurde und was nicht. Die angewandten Methoden zu erläutern fällt erwartungsgemäß am schwersten.

Dann geht es an die geplante Diskussionsübung. Einige haben tatsächlich die Hausaufgabe erledigt, aber statt Stichpunkten ganze Aufsätze geschrieben, was weder verlangt war noch sonderlich sinnvoll ist. Aber mein wiederholter Hinweis, dass man Sprechen durch Sprechen und nicht durch Schreiben lernt, ist scheinbar jenseits des Vorstellungsvermögens. Trotz meiner detaillierten Arbeitsanweisungen und einer Seite mit *discussion phrases* merke ich auch im weiteren Verlauf, dass die Aufgabe die meisten überfordert. Sich Gründe zu überlegen, warum ein Chinese dagegen sein könnte, dass sein Sohn Englisch lernt (so Teil der Aufgabe), ist für eine Teilnehmerin schon deshalb nicht zu leisten, weil – so erklärt sie mir – in Usbekistan alle für das Englischlernen seien. Unter einem Rollenspiel können sich viele nichts vorstellen.

Deshalb entscheide ich mich spontan, mit Altynbek einen Dialog beispielhaft vorzuspielen. Ich übernehme dabei die Rolle eines Chinesen, der von der chinesischen Kultur so überzeugt ist, dass er Kontakte mit anderen Sprachen und Kulturkreisen für unnötig, wenn nicht schädlich erachtet. Zu meinem Schrecken sehe ich, dass immer, wenn ich ein Argument gegen das Englischlernen vorbringe, viele zustimmend nicken. Hilfe! Schnell lenke ich also ein und erkläre Altynbeks Gegenargumente für überzeugend (obwohl sie es wegen seiner langatmigen Ausführungen nicht wirklich sind) und gebe mich in meiner Rolle geschlagen. So funktioniert also Demagogie. Egal, welchen Unsinn die Autoritätsperson propagiert, das Volk stimmt zu!

Danach hören wir noch zwei ganz ordentliche Dialoge, obwohl ich bei einem Paar mehrfach darauf hinweisen muss, dass es darum geht, nicht die eigene (und erwartete) Meinung zu vertreten, sondern eine Rolle zu spielen. Echte Aufklärungsarbeit!

Danach erfolgt eine Fehlerkorrektur, besonders bezüglich der Aussprache. Die falsche Aussprache der Endung –ed ist durchgängig ein Problem. Ganz Usbekistan scheint so sprechen zu wollen, wie man es zur Zeit Shakespeares wahrscheinlich getan hat. Die Form *asked* ist nicht von *ask it* zu unterscheiden. Selbst im Präsens hört sich *asks* wie *ask is* an. Selbst guten Sprechern wie Altynbek unterlaufen ständig Fehler, obwohl sie eigentlich wissen, wie es richtig heißt. Wahrscheinlich ist eine Kombination mehrerer Konsonanten am Ende eines Worts für Usbeken so schwierig hervorzubringen, dass sie gern einen Vokal dazwischen schmuggeln. Außerdem bereitet der Vokal in *work* für Usbeken besondere Probleme. Ich höre stattdessen immer *walk*, was manchmal zu lustigen Missverständnissen führt, schließlich macht es semantisch einen nicht geringen Unterschied aus, ob man arbeitet oder spazieren geht. Jetzt verstehe ich langsam, warum *„pronunciation"* ein eigener Punkt in meinem offiziellen Arbeitsauftrag ist.

In der zweiten Hälfte unserer Sitzung machen wir anhand der Testaufgaben eine längere Phase Grammatik- und Wortschatzarbeit und alle beteiligen sich eifrig, wenn auch etwas undiszipliniert durcheinander redend. Hier fühlen sich alle in ihrem Element. Ein *pattern drill* mit Schülerkette gelingt aber eher nicht. Auf einen Impuls eines Teilnehmers reagieren immer alle gleichzeitig statt hintereinander, was aber nicht schlimm ist, denn auch so festigt sich die zu übende Struktur. Als wir mit der Besprechung der Testaufgaben fertig sind, wünscht sich eine einen weiteren Test und mehr Grammatik. Das ist offenbar bekanntes Terrain.

Zum Schluss besprechen wir noch die von mir angewandte Methode des Umgangs mit Fehlern, was die Teilnehmer veranlasst, sich ausdrücklich für meine Korrekturen zu bedanken. Altynbek protokolliert ungefragt alles von mir Gesagte an der Tafel. Eine Kollegin findet die Schülerkette (die ja mehr schlecht als recht funktioniert hat) so interessant, dass sie sich vornimmt, sie in ihrem Unterricht auszuprobieren. Auf meine vorsichtige Frage, ob sich die Teilnehmer vorstellen könnten, mich in ihren Unterricht einzuladen, sagen alle begeistert ja (wirklich!) und versuchen gleich, Termine zu machen. Altynbek, der absolute Herrscher über meinen Zeitplan, sagt zu, in der nächsten Woche etwas zu ermöglichen. Später fragt er, ob ich morgen in seinen Unterricht kommen wolle und eine Unterrichtsstunde für die Schüler geben könne. Ich sage ihm, dass wohl nur eins von beidem möglich sei, denn ich wolle nicht schon um acht Uhr starten und müsse ja noch einiges an Materialien vorbereiten. Er zeigt auf den Drucker und sagt, ich könne die Materialien ja jetzt ausdrucken. Als ob in meinem Rechner und in meinem Kopf Unterrichtsstunden für alle Gelegenheiten druckreif gespeichert wären! Er sagt mir zu, mich noch abends anzurufen, um mir den Plan für morgen durchzugeben.

Zurück fahren wir mit einem Taxi, einem Kleinwagen, in dem schon zwei Personen sitzen. Mein riesiger Blumenstrauß, mein Laptop, meine Tüte mit Geschenken und meine Handtasche passen irgendwie auch noch hinein. Nach einer kurzen Strecke steigen die anderen Passagiere aus, dafür kurz darauf wieder jemand ein. Der Taxifahrer erkundigt sich bei Altynbek interessiert nach mir und erzählt von einem deutsch-usbekischen Projekt seiner Uni in Andijan und zeigt mir auf seinem Handy ein Bild der deutschen Projektleiterin. Er habe zuerst geglaubt, ich sei sie. Tatsächlich hat die deutsche Frau auf dem Foto eine ähnliche Frisur, nur rötlich.

Abends spaziere ich auf der Suche nach einem Müllcontainer durch die Anlage, finde aber keinen. Inzwischen quillt der kleine Eimer in meinem Bad über. Hatte Werner nicht gesagt, dass die Häuser alle paar Tage gereinigt werden? Wenn morgen nichts passiert, muss ich mich irgendwie schlau machen. Außerdem habe ich nicht mehr viel Mineralwasser. Als ich sehe, dass in der Kantine Abendessen ausgegeben wird, gehe ich hin, obwohl ich eigentlich gar nicht hungrig bin. Es gibt eine leckere Tomatensuppe mit Tagliatelle und Köfte mit Graupen (oder Bulgur?), dazu einen Tomaten-Gurken-Salat. Von dem esse ich nur zwei Gabeln, obwohl er lecker schmeckt. Bakterien kann ich jetzt gar nicht gebrauchen. Sicherheitshalber nehme ich die angebrochene Wasserflasche mit.

Von acht bis zehn Uhr mache ich dann meine Unterrichtsvorbereitungen und falle anschließend müde ins Bett. Altynbek hat nicht angerufen, so dass ich mal wieder keine Ahnung habe, wann morgen was ist.

Gruppenpuzzle und kein Klopapier

Beim Frühstück gibt mir die Kantinenwirtin zu verstehen, dass sie heute meinen Bungalow säubern will. Ich verstehe, dass ich ihr den Schlüssel vorbeibringen soll. Endlich Aussicht auf einen geleerten Mülleimer und neues Klopapier, das bedenklich zur Neige geht!

Um 9.30 Uhr kündigt Altynbek an, dass ich abgeholt werde. Heute ist es Medet, der mich zur Schule fährt. Unterwegs informiert er mich halb auf Englisch, halb auf Russisch, dass der usbekische Bildungsminister in der Schule erwartet werde. Ich ärgere mich, dass ich heute mit einem Polohemd und einem Strickjäckchen wenig ministrabel angezogen bin. Wird der Minister womöglich in meinem Unterricht auftauchen? Inzwischen habe ich mir aber Gelassenheit angewöhnt und wir scherzen über die Angewohnheit der Deutschen, Verkehrsregeln zu beachten, worauf der Kollege lachend seinen Sicherheitsgurt anlegt. Als er an einem Zebrastreifen sogar anhält, um einen Fußgänger die Straße überqueren zu lassen, schaltet er sicherheitshalber die Alarmanlage an, was zu allgemeiner Verwirrung führt und den Fußgänger erst recht veranlasst stehenzubleiben.

Als wir an der Schule ankommen, sieht nichts nach Ministerempfang aus. Keine verkleideten Schüler, keine Ausstellung, nichts Besonderes. Als wir ins Klassenzimmer kommen, sitzt dort eine Frau, die zwar kurz guten Tag sagt, aber sonst keine Erklärung für ihre Anwesenheit abgibt. Ich beeile mich, meine Unterrichtsmaterialien auszudrucken, denn heute Vormittag soll ich sowohl eine Stunde für Schüler halten als auch bei Malika hospitieren. Wie das zeitlich passen soll, ist mir ein Rätsel, aber Altynbek sagt *„She will manage somehow"*.

Die mysteriöse Frau ist inzwischen wieder verschwunden, während des Unterrichts kommt sie aber wieder herein und setzt sich wortlos nach hinten.

Die Schülertische hatte ich vorher mit Altynbek in eine U-form gestellt, was hier ganz ungewöhnlich ist. Zu den angekündigten elf Schülern kommen dann nach und nach weitere fünf hinzu, für die es weder Sitzplätze noch Arbeitsblätter gibt. Es werden also noch Stühle gesucht, und statt auf dem Arbeitsblatt müssen dann einige in ihrem Heft arbeiten. Allerdings haben nicht alle Stift und Papier bei sich. Was haben sie sich wohl dabei gedacht?

Die von mir vorbereitete Aufgabe, sich gegenseitig zu interviewen und die Ergebnisse vorzustellen, überfordert viele. Eigentlich hätte ich das wissen müssen. Die Lehrer waren ja auch kaum dazu in der Lage. Im Unterricht miteinander zu sprechen soll erlaubt sein? Zwei Mädchen, die völlig hilflos über ihrem Arbeitsblatt sitzen, führe ich Schritt für Schritt durch die Aufgabe. Dabei erfahre ich, dass sie bereits in der 11. Klasse sind und Englisch ihr Lieblingsfach sei. Na ja.

Trotzdem kommen zwei ganz gute Präsentationen zustande, allerdings von zwei Schülern, die mir schon vorher als besonders pfiffig und redegewand aufgefallen waren. Die stumme Beobachterin ist inzwischen wieder verschwunden. Es wird doch wohl nicht eine Vertreterin des Ministeriums gewesen sein? Ich frage Altynbek und er sagt, es sei eine Kollegin gewesen, die gern mal meinen Unterricht sehen wollte. Interessant!

Von der Hospitationsstunde bei Malika ist nicht mehr die Rede, schließlich ist jetzt Mittag.

Die Suche nach einem alternativen Restaurant für das Mittagessen bleibt erfolglos. Alle sind wegen des Ramadan geschlossen. Also gehen wir wieder in das altbewährte „Kamron", wo es eine gute Suppe gibt. Beim Mittagessen erfahre ich, dass in der nächsten Woche drei Tage frei sein werden wegen des Endes des Ramadans, und in der übernächsten Woche sei der 9. Mai, der Tag des Sieges, ein Feiertag. Für diesen Tag lüden mich die männlichen Kollegen der Schule zu einem Picknick in Xonobod ein. Für die anderen freien Tage bemühe man sich noch um ein Programm für mich, vielleicht fände aber auch an mindestens einem Vormittag eine Sitzung mit den Kollegen statt. Trotz freiem Tag? Ich kann mich nur wundern.

Zurück an der Schule erhält Medet, der uns begleitet und offenbar jetzt frei hat, den Auftrag, uns um 16.30 Uhr wieder am Schultor abzuholen.

Mit den Lehrern versuche ich ein Gruppenpuzzle zum Thema *„life-changing events".* Dazu baue ich sogar drei Gruppentische für jeweils vier Personen auf. Allerdings sind bei Unterrichtsbeginn erst fünf Leute im Raum. Das war's also mit der Planung! Um Zeit zu gewinnen, mache ich einen kleinen Nachtrag zum Thema Unterrichtsmethoden, und tatsächlich erscheinen nach und nach vier weitere Personen, so dass wir mit drei Gruppen zu je drei Personen starten können. Das *brainstorming* per *mindmap* klappt prima. Natürlich wird als erstes *„life-changing event"* *„marriage"* genannt. Auch die Gruppenphase funktioniert recht gut. Es geht darum, Abbildungen zu deuten, in denen jeweils eine Person in unterschiedlichen Lebensphasen abgebildet ist: Eine Frau, die erst als Astronautin (oder hier wohl eher Kosmonautin) und dann als kinderwagenschiebende Mutter erscheint, ein Richter in Robe und Perücke, der sich als Penner auf einer Parkbank wiederfindet und ein fallschirmspringender Soldat, der im zweiten Bild als Hobbymaler dargestellt wird. Mit dem letzten Bildpaar tut sich eine Gruppe sehr schwer. Ein *„life-changing event"*, das zu dem eklatanten Wandel geführt haben könnte, können sich die Teilnehmer nicht vorstellen. Allenfalls erklären sie sich den Unterschied zwischen den Abbildungen damit, dass der Soldat sich nach anstrengender Arbeit ein wenig entspannen möchte. Dass Krieg traumatisierend wirken kann, kommt niemandem als Erklärung in den Sinn. Eine andere Gruppe kommt nicht darauf, dass der dargestellte Penner auf der Parkbank eine Bierdose in der Hand hält. Nach ihrer Auffassung trinkt er gerade Cola. Auch die anderen haben recht eigenwillige, zum Teil fantasievolle Interpretationen der zu bearbeitenden Darstellungen, die viel von ihrem kulturellen Background verraten.

Schließlich kommt ein weiterer Kollege herein, der mich bei unserem allerersten Treffen durch seine hervorragenden Englischkenntnisse beeindruckt hatte, dann aber nie wieder in meinem Unterricht erschienen ist (weil er es wahrscheinlich auch tatsächlich nicht nötig hat). Dieser Kollege hält die Gruppenarbeitsphase offenbar für eine Teepause, setzt sich munter plaudernd dazu und muss erst einmal erklärt bekommen, dass wir gerade arbeiten.

Als Altynbek als Sprecher seiner Gruppe das Ergebnis präsentiert, unterbricht ihn dieser Kollege, der mit Altynbek auch privat befreundet zu sein scheint, mit provozierenden, aber sehr intelligenten Fragen. Der erste Mensch, den ich hier kritisch denkend erlebe! Es entspannt sich eine lebhafte und lustige Diskussion zwischen den beiden.

Nach dem Gruppenpuzzle machen wir erst einmal Pause und Gulbanu (die mit dem deutschen Brieffreund) schenkt mir zwei rote Kugelschreiber zum Korrigieren und lädt mich nochmals nachdrücklich an ihre Schule ein. Ich halte mich bedeckt, denn mir ist klar, dass ich wohl die wenigsten der vielen Einladungen werde annehmen können. In der Pause fällt auf, dass die Gruppentische sehr zur Entspannung beitragen. Heute wird munter geplaudert, während in den vergangenen Tagen jede und jeder stumm am Einzeltisch sitzen blieb. Dabei erklären mir die Lehrer auch, dass sie am Mittwoch der nächsten Woche, dem letzten der freien Tage, zur Schule kommen möchten, um mit mir Unterricht zu machen. Auf meine erstaunte Frage, ob sie sich nicht darüber freuten, zu Hause bleiben zu können, sagen sie, dass zwei freie Tage genug seien. Offenbar ist es für diese Frauen nur begrenzt attraktiv, zu Hause zu sein.

In der zweiten Hälfte der Stunde machen wir eine Hörverstehensübung zu unserem Thema *„life-changing events"*, die manchen schwer fällt, schon weil der Dialog zwischen zwei Frauen, die sich über ihre Lebensläufe unterhalten, für sie voller Merkwürdigkeiten ist. Eine Frau, die sich nach vier Jahren von ihrem Freund trennt und einen anderen heiratet, und eine andere, die sich darüber freut, nicht verheiratet zu sein, und ihre Unabhängigkeit genießt, indem sie Motorrad fährt: Das kann man doch nicht verstehen!

Trotzdem sind alle wild darauf, das Tapeskript zu bekommen. Eine nimmt die Hördatei mit der Diktierfunktion ihres Handys auf. Für die nächste Stunde kündige ich erst einmal einen Diagnosetest Hörverstehen an.

Nach dem Unterricht treffen wir auf eine weitere Kollegin, die mich einladen möchte. Sie sagt etwas von Verwandten in Samarkand und fragt, ob ich auch über Nacht bleiben könne. Das wäre doch mal was! Aber Altynbek lehnt diese Möglichkeit gleich kategorisch ab. Ich bin mir auch nicht sicher, ob er alles übersetzt hat. Was er nicht will, will er nicht!

Vor der Schule wartet Medet schon auf uns, jetzt in Jogginghose und T-Shirt, fast nicht wiederzuerkennen. In der Schule sind alle immer sehr adrett gekleidet, die Männer mindestens mit Stoffhose und Poloshirt, meistens aber mit langärmligem Oberhemd, wenn nicht mit Anzug. Die Frauen tragen meist ihre jeweilige Schuluniform: Röcke mit langärmligen Blusen und darüber Blazer oder ärmellose Westen.

Wir steigen ein, fahren aber nicht los, sondern warten auf irgendetwas. Schließlich sagt Altynbek, dass wir jetzt den Fahrer wechseln würden. Der Taxifahrer von gestern, der Student aus Andijan, wolle mich unbedingt nach Hause fahren. Tatsächlich steht dessen Auto hinter unserem. Wie verabschieden uns also von Medet, der *„sorry"* sagt, obwohl ich es eigentlich bin, die *„sorry"* ist, weil er vergeblich gekommen ist.

Auf der Fahrt eröffnet mir Altynbek, dass morgen (wahrscheinlich? vielleicht?) der Bildungsminister aus Taschkent kommen werde, um meinen Unterricht anzusehen. Ich bin entsetzt, denn schließlich steht für morgen ein Diagnosetest an, und das ist nichts, was man einem Bildungsminister als Beispiel deutscher Fremdsprachendidaktik vorführen sollte. Altynbek ist aber der Meinung, dass der Minister vormittags in meinen Unterricht mit den Schülern kommen werde. Dann sind wir auch schon in seinem Heimatdorf und er steigt aus. Ich kann gerade noch sagen, dass ein deutscher Lehrer üblicherweise länger Zeit hat, sich auf eine Vorführstunde vorzubereiten, aber er entgegnet nur *„but you are an expert."* Dann ruft er mir noch zu: *„Have a good rest!"* und ist verschwunden. Ich könnte ihn erwürgen!

Der Taxifahrer versucht sich an Konversation mit rudimentärem Englisch und ein paar Brocken Deutsch. Wir reden ansatzweise über Fußball, „Allianz-Arena" ist das deutsche Wort, das er dazu kennt. Dann hält er plötzlich an, geht an seinen Kofferraum und überreicht mir ein Halstuch mit typisch usbekischem Muster als Geschenk!

Tatsächlich ist mein Bungalow gereinigt, als ich nach Hause komme, der Mülleimer geleert, die Betten neu bezogen und alles sorgfältig aufgeräumt, auch der Inhalt der Schränke. Die T-Shirts sind sauber gefaltet, die Kleider, die mangels Bügel am Garderobenhaken hingen, haben Bügel bekommen und hängen im Schrank. Meine Geschenke sind liebevoll als Schlafzimmerdekoration drapiert, meine Kosmetika finde ich in der Duschablage bzw. auf der Frisierkommode wieder. Der Koffer hat noch Platz im Schrank gefunden. Nur das Klopapier fehlt.

Auf Google suche ich mir die Abbildung einer Klopapierrolle und gehe damit zur Kantine. Ob ich mich verständlich machen konnte, werde ich morgen sehen.

Nach dem Abendessen begebe ich mich an die Vorbereitung der Ministerstunde. Angekündigt hatte ich Schreibtraining, was als Vorführstunde eine Herausforderung ist. Zum Glück kann ich auf viel Erfahrung mit Schreibaufgaben für den mittleren Schulabschluss zurückgreifen und erinnere mich auch an eine Lehrerfortbildung, die wir vor Jahren zu dem Thema konzipiert hatten. So bastele ich eine Stunde zusammen, die ich für ganz vorzeigbar halte. Am Ende bin ich so müde, dass ich für die Nachmittagssitzung mit den Lehrern nur noch rasch die Testaufgaben heraussuche und schon vor zehn Uhr ins Bett gehe.

Der Bildungsminister kommt (oder nicht?)

Freitag, 29.04.22

Um vier Uhr nachts bin ich wach und frage mich, ob der Minister tatsächlich schon morgens im Unterricht sein kann, wenn er erst aus Taschkent anreist. Es wäre doch besser, eine Alternative auch für die Lehrerfortbildung am Nachmittag zu planen. Ich zwinge mich, doch noch eine Runde zu schlafen, aber um fünf Uhr halte ich es im Bett nicht mehr aus, fahre meinen Rechner hoch und plane eine Stunde *„writing practice"* für die Lehrer. Dabei kann ich die Struktur der Schülerstunde beibehalten, nur der Inhalt und das Sprachniveau sind andere. Da das schnell gelingt, gehe ich um sechs Uhr wieder ins Bett und kann mich noch eine knappe Stunde entspannen.

Der Anruf, dass ich abgeholt werde, kommt um 10.30 Uhr. Auf meine Frage nach dem Minister sagt Altynbek nur *„We are wondering, too."* In der Schule setze ich mich gleich an den Rechner und drucke meine Unterrichtsmaterialien aus. Ich bin noch nicht ganz damit fertig, als die Schüler hereinkommen. Und der Minister?

Ich beginne auch ohne ihn mit dem Unterricht und stelle wieder mal fest, dass die Niveauunterschiede reichlich groß sind. Beim nächsten Mal muss ich mir unbedingt etwas zur Binnendifferenzierung überlegen. Dass sie eine *peer-correction* zu dem von ihrem Sitznachbarn verfassten Brief vornehmen sollen, ist für die meisten mindestens so befremdlich, als wenn ich von ihnen verlangen würde, mit den Ohren zu wackeln. Nur der mir schon bekannte Streber und ein Mädchen machen sich, nachdem sie mich zuerst auch staunend angeschaut haben, tatsächlich ans Werk. Das Feedback des Mädchens bringt uns zum Lachen: *„Well written and very understandable and interesting, but I think this is poem not letter.*[sic]" Den Gebrauch des Artikels müssen wir also auch noch üben. Aber das ist kaum verwunderlich, da es Artikel im

Usbekischen nicht gibt. Selbst die Lehrer tun sich damit schwer. Als wir kurz vor Ende der Stunde gerade ein letztes Schülerergebnis besprechen, kommt eine Lehrerin herein und sagt den Schülern etwas auf Usbekisch. Die Schüler teilen mir mit, der Minister sei da. Ich verstehe, dass wir den Unterricht abbrechen sollen, aber die Schüler erklären, sie hätten gerade die Anweisung bekommen, hier im Raum zu bleiben. Redet vielleicht auch mal einer mit mir?

Aber was bitte schön, sollen wir dem Minister denn jetzt noch zeigen? Die Stunde ist ja gelaufen! Schnell verabrede ich mit den Schülern, dass einer dem Minister erklären wird, was wir bislang getan haben und dass wir dann die vorletzte Schülerarbeit, die sich besonders gut dafür eignet, einfach nochmal präsentieren und evaluieren werden. Bei so einem Hick-hack muss man sich irgendwie zu helfen wissen.

Da sich aber über Minuten nichts tut, machen wir wieder eine lockere Fragestunde und ich erzähle mal wieder von meiner Familie, von meiner Heimatstadt und Deutschland, und kann es mir nicht verkneifen zu sagen, dass wir in Deutschland in der Regel präzise Termine machen, die wir dann auch pünktlich einhalten. Nach etwa 20 Minuten kommt Altynbek herein, um zu sagen, wir könnten jetzt Schluss machen. Kein Minister weit und breit!

Ich drucke die Materialien für die Nachmittagsstunde ohne zu wissen, ob dann vielleicht der Minister dabei sein wird. Altynbek zuckt mit den Schultern und sagt, ich könne ruhig den Diagnosetest machen. Heißt das, dass der Minister gar nicht kommen wird? Auf eine klare Antwort hoffe ich wieder mal vergebens.

Wir gehen heute in ein Restaurant, das auf Manthi spezialisiert it. Ich finde die Teigtaschen sehr lecker, aber auch sehr fett. Deshalb gebe ich Altynbek eine ab, der sie auch annimmt, nachdem er sich erkundigt hat, ob das nicht in Deutschland als unhöflich gelte.

Als ich ihm sage, dass ich im Bungalow so gut wie kein Wasser und kein Toilettenpapier mehr habe, telefoniert er, um Abhilfe zu schaffen. Wir gehen aber noch in einen kleinen Laden, wo es Lebensmittel, vor allem aber ganz verschiedene Sorten Gebäck und Gewürze gibt. Wir kaufen Wasser und eine große Tüte Kekse für meine Teepause. Ich bestehe darauf, selbst zu zahlen, und werde seit meiner Taxifahrt in Taschkent zum ersten Mal Geld los: 12000 S'om, also einen Euro.

Da vom Minister nun endgültig keine Rede mehr ist, machen wir den geplanten Hörverstehenstest. Es stellt sich heraus, dass die Kollegen schon bei den B1-Aufgaben Mühe haben, die B2-Texte sind für sie weitgehend unverständlich. Als ich sage, dass die Aufgaben auf dem B1- bzw. B2 Niveau sind, erschrecken sie gewaltig. *„German B2?“* fragt einer, um dann zu sagen, dass die B2 -Aufgaben in Usbekistan wesentlich einfacher seien. Das also zu internationalen Standards.

Da ich auch die Tapeskripts habe, können alle ihre Ergebnisse selbst überprüfen. Allerdings – und das hatte ich schon vermutet – ist es um das Leseverstehen auch nicht viel besser bestellt. Wir gehen also jedes Item nochmal gemeinsam durch.

Dann ist erst mal Pause. Da ich die Tische heute in U-Form aufgestellt habe, wird lebhaft miteinander geredet. Ich bin etwas irritiert, dass nur Usbekisch und nicht wie sonst Englisch gesprochen wird. Als ich die Pause beenden will, erfahre ich, dass man gerade Pläne für meinen Sonntag mache. Schließlich bekomme ich eine Einladung nach Xonobod, offenbar das einzige vorzeigbare Ausflugsziel in dieser Gegend, das mir immer wieder als *„little Switzerland“* angepriesen wird, aber bestenfalls als Sauerland im Kleinformat durchgehen kann. Gulbanu wohnt direkt in Xonobod, und Jahongir und seine Frau Damira leben ganz in der Nähe. Die anderen erklären mir, dass sie leider nicht mitkommen könnten. In zwei Familien gab es einen Trauerfall, der dazu führt, dass die Familienmitglieder für längere Zeit sonntags das Haus nicht verlassen können, weil Trauergäste zu empfangen sind (Das glaube ich jedenfalls verstanden zu haben).

Nachdem ich mich mehrfach für die Einladung bedankt habe, geht es mit den Hörtexten weiter. Ich greife einen der vier Texte heraus und mache damit Ausspracheübungen (fast wie Fehlerlesen für Fünftklässler!), was aber erstaunlich gut ankommt. Zum Schluss stelle ich Globalfragen zum Inhalt, die jetzt tatsächlich richtig beantwortet werden. So sind alle mit der Aufgabe wieder versöhnt. Ein guter Punkt um Feierabend zu machen, obwohl es eigentlich eine halbe Stunde zu früh ist. Aber ich bin irgendwie geschafft!

Als ich noch meine Sachen zusammenräume, steckt ein Schüler den Kopf zur Tür herein und fragt, ob er sich mit mir unterhalten dürfe. Auch das natürlich gern! Ich stelle also Fragen und er sagt, dass er jetzt - um 17 Uhr - nach Hause gehen und Hausaufgaben für Mathe und Englisch machen würde. Zu anderen Freizeitaktivitäten habe er kaum Zeit, außer dass er manchmal seiner Mutter bei der Hausarbeit helfen würde. Und das alles nehmen die Jugendlichen klaglos hin?

Altynbek bittet mich, auch morgen wieder eine Stunde für die Schüler zu geben. Wegen der Feiertage bleibe sonst so wenig Zeit. Dass ich das alles abends noch vorbereiten muss, hat er wieder mal nicht auf dem Schirm.

Zu Hause lege ich mich aufs Bett und schlafe auch gleich ein. Ich muss mich quälen, um um 19 Uhr wieder aufzustehen. In die Kantine gehe ich heute nicht, sondern esse Brot mit Butter und Käse in meiner Küche, dazu gibt es eine Tasse Fanta. Heute habe ich es übrigens geschafft, die Schultoilette vollständig zu meiden. Dafür ist hier im Bungalow das letzte Blatt Klopapier verbraucht. Die Papierservietten aus der Küche reichen auch höchstens noch bis morgen!

Für das Leseverstehen finde ich unter den Testmaterialien für den Hauptschulabschluss einen Text zu Teenagern in den USA, die über starken Druck durch Lehrer, Eltern und Gesellschaft klagen. Angesichts der zeitlichen Anforderungen, die hier an Schüler gestellt werden, könnte das interessant werden. Ich beschließe, diesen Text sowohl mit den Schülern als auch mit den Lehrern zu bearbeiten. Obwohl nur auf dem Niveau A2+, dürften beide Gruppen sich nicht völlig unterfordert fühlen.

Da ich mir auf diese Weise etwas Vorbereitungszeit eingespart habe, freue ich mich darauf, noch etwas zu lesen. Davon werde ich aber so müde, dass ich noch vor zehn Uhr schlafe.

Das gibt zu denken!

Samstag, 30.04.2022

Heute holen mich Altynbek und Medet überraschenderweise schon um 9.30 Uhr ab. In der Schule bin ich gerade wieder mit Ausdrucken beschäftigt, als die Schüler hereinkommen, eine Stunde eher als sonst. Es gibt also offenbar keine festen Stunden, sondern sie kommen, sobald ich da bin. Ob es ansonsten einen geregelten Stundenplan gibt? Ich habe Zweifel.

Beim Brainstorming zum Thema *„teenagers under pressure"* fallen den Schülern eine Menge Stressfaktoren ein, an erster Stelle die schulischen Anforderungen. Den Text verstehen sie ganz gut, außer dass sie sich nicht vorstellen können, dass die amerikanischen Teenager ihre Eltern für deren überzogene Erwartungen kritisieren. Die usbekischen Jugendlichen finden solche Anforderungen trotz des damit verbundenen Drucks *„just right"*.

Nach dem Unterricht unterhalte ich mich mit Altynbek über die Zukunft unseres Projekts und den gegebenenfalls zu stellenden Folgeantrag. Dabei werden wir ständig von Schülern unterbrochen, die hereinkommen, weil sie sich auch mit mir unterhalten wollen. Dass sie dabei unser Gespräch stören, bemerken sie gar nicht, und Altynbek lässt ihnen bereitwillig den Vortritt. Ich finde es aber ganz schön lästig, ständig zwischen den Gesprächspartnern und den Themen hin- und herzuwechseln. Eine Frage des Alters oder der Kultur oder einfach nur meiner mangelnden Flexibilität?

Altynbek möchte, dass ich möglichst schon im Oktober wiederkomme und dann viel länger bleibe. Und dann so weiter für die nächsten Jahre. Ich erinnere ihn an mein Alter und erkläre ihm, dass der SES nur maximal vierwöchige Aufenthalte zulässt und das höchstes einmal im Jahr für maximal vier Jahre (stimmt so nicht ganz, aber Ausreden erfinden und Geschichten erzählen kann ich auch!) Wiederkommen möchte ich natürlich schon. Als ich sage, dass das Besprochene auch noch mit der Schulleiterin abgestimmt werden müsse, sagt er mir, dass diese mich heute zum Essen einlade, um genau dies zu tun.

Der freundliche Taxifahrer von neulich bringt mich, Raushan und deren Nichte Zarema – die, die in Taschkent lebt und mit der ich schon mal ein Videogespräch hatte – zu einem Restaurant in Kurgantepa. Ich erkenne es gleich wieder. Es ist dasselbe wie am Tag meiner Anreise, nur dass ich damals keine Vorstellung hatte, wo ich mich überhaupt befand. Ich unterhalte mich sehr angeregt mit Zarema über deren Beruf – sie ist Dolmetscherin für Englisch, Usbekisch und Russisch -, über deren Leben in Amerika und Taschkent und ihr zwiespältiges Verhältnis zu ihrem Heimatland. Zum ersten Mal überhaupt unterhalte ich mich auch mit jemandem über die Covid-Situation, die in diesem Land gar kein Thema zu sein scheint. Zarema meint, dass die hiesigen niedrigen Inzidenzwerte (unter 1 %) wohl nur daher rühren, dass sich niemand mehr testen lässt. Alle sind inzwischen sehr entspannt und ich werde es auch bleiben.

Raushan telefoniert fast die ganze Zeit. Dabei trinkt sie trotz des Ramadans Tee, isst aber nichts. Den Prütt aus der Tasse kippt sie einfach auf den gefliesten Fußboden, bevor sie eine neue Tasse eingießt. Dieses merkwürdige Verhalten habe ich auch bei meinen türkischen Mitbewohnern auf der Kantinenterrasse schon beobachtet. Von einer Schulleiterin hätte ich es allerdings nicht erwartet. Beim Blick auf die Uhr erschrecke ich. Es ist 14.30 Uhr und ich sollte seit einer halben Stunde unterrichten! Ich bitte Raushan, Altynbek anzurufen, um die Kursteilnehmer über unsere Verspätung zu informieren. Ob das tatsächlich geschieht, kann ich nicht erkennen. Nun versuchen wir, das Antragsformular im Schnelldurchgang zu bearbeiten. Da das aber doch nicht so leicht ist, bittet mich Zarema, den Antrag so zu formulieren, wie ich es für richtig halte. Sie würde das Ganze ihrer Tante dann übersetzen. Das hätten wir auch einfacher haben können!

In der Schule wartet mein Kurs brav und steht auf, als die Schulleiterin hereinkommt. Diese sagt irgendetwas, und die Teilnehmerinnen versichern mir, dass das einstündige Warten ihnen nichts ausgemacht habe.

Ich stelle sie vor die Wahl, ob sie Leseverstehen oder Schreiben üben wollen (Das *writing practice* habe ich ja von der ausgefallenen Ministerstunde noch in petto). Sie entscheiden sich mehrheitlich für *Reading*, so dass ich die Stunde von heute Morgen noch einmal halte. Die Lehrer sind sehr eifrig dabei und haben auch fast keine Schwierigkeiten, den A2+ Text über *„teenagers under pressure"* zu verstehen. Interessant ist, dass ihnen beim Brainstorming alles Mögliche einfällt, was Teenager unter Druck setzen könnte, nur nicht die Schule. Als ich ihnen sage, dass das aber der Punkt sei, den die Schüler zuerst genannt hätten, werden sie ganz nachdenklich. Später kommt tatsächlich eine lebhafte Diskussion darüber zustande, ob Jugendliche durch die Erwartungen von Eltern und Lehrern überfordert werden und ob man ihnen mehr oder weniger Freiheiten zugestehen müsse. Gulnara, die Konservative, sagt, dass auch sie ihren Sohn vom Fußballclub abgemeldet habe, um ihm stattdessen privaten Matheunterricht zukommen zu lassen, was sie jetzt in einem anderen Licht sehe. Eine andere äußert, dass der Text sie zum Nachdenken veranlasse. Heureka!

Wir treffen noch Verabredungen für den morgigen Ausflug nach Xonobod, dann wünsche ich einen schönen Feierabend. Samstag um 16.30 Uhr!

Leider habe ich aber doch noch nicht Wochenende, denn vor der Tür stehen drei Deutschlehrerinnen von der Schule No. 55 in Kurgantepa, die ich kürzlich besichtigen durfte. Sie wünschen sich, dass ich dort eine Deutschstunde für Fünftklässler erteile, und sie wollen dabei meine Unterrichtsmethoden beobachten. Ich sage, dass ich noch nie in meinem Leben Deutsch unterrichtet habe und dass sie diesbezüglich also nichts von mir erwarten können, aber sie lassen sich nicht von der Idee abbringen. Altynbek ist nicht begeistert. Er möchte wohl meine Arbeitskraft ausschließlich für seine Schule in Anspruch nehmen. Aber gerade weil er das bislang schon ausgiebig getan hat und ich mich ein bisschen für seine immer nur vagen Ankündigen und spontanen Programmentscheidungen rächen will, sage ich den Deutschlehrerinnen zu. Wir machen noch einen Termin aus und tauschen Kontaktdaten, dann habe ich wirklich Feierabend.

Medet hat schon lange vor der Schule auf uns gewartet. Er sagt etwas auf Russisch und rechnet offenbar nicht damit, dass ich genug verstehe um mitzubekommen, dass er sich bei Altynbek über unser spätes Erscheinen beklagt. Unterwegs halten wir noch an einem Supermarkt an und ich decke mich mit Brot, Butter, Tee, Joghurt und Obst für heute Abend und morgen früh ein. Das Brot stammt aus der Bäckerei von Altynbeks Tante und soll ganz frisch sein. Ein Fladen kostet umgerechnet 25 Cent. Außerdem kaufe ich getrocknete Früchte mit Nüssen zum Verschenken. Auch Klopapier nehme ich sicherheitshalber mit. Medet nimmt das erneute Warten nun gelassen hin. Das sei er gewohnt, schließlich müsse er auch immer die Schulleiterin chauffieren und die lasse ihn oft warten, lässt er Altynbek übersetzen. Ich wundere mich schon nicht mehr darüber, dass die wenigen männlichen Lehrkräfte – und nur die können Auto fahren – wie selbstverständlich für Fahrdienste in Anspruch genommen werden.

Zu Hause angekommen, trägt mir der Sicherheitsdienst die Einkaufstüten zu meinem Bungalow, wo ich feststelle, dass nun Klopapier reichlich vorhanden ist. Ich trinke Cola und nasche etwas Gebäck, dann muss ich erst einmal schlafen.

Um 20 Uhr geht es dann wieder an die Arbeit. Die Unterrichtsplanung für die Deutschstunde ist doch gar nicht so schwer. Ich stelle mir einfach eine Englischstunde in einer 5.

Klasse vor und erinnere mich an die von mir damals organisierte Fortbildung „Englisch als Kontinuum", in der es um Englischunterricht im Übergang von der Grundschule ging, einer Situation, die der hiesigen ähnlich ist, denn an der Schule No. 55 lernen einige Kinder Deutsch auch bereits in der Primary School. Ich denke mir noch ein Spiel aus und entwerfe ein Arbeitsblatt auf zwei Niveaustufen, das ich der Kollegin schicke mit der Bitte es für die Stunde auszudrucken. Auf Bitten von Zarema suche ich noch im Internet nach einem englischen Text zum deutschen Schulsystem, damit sie ihn ihrer Tante übersetzt. Auch der wird gefunden und verschickt.

Zum Abendessen gibt es dann Brot mit Butter, einem Rest Käse und eine Frucht, die Altynbek als usbekische Birne bezeichnet hat. Ich schäle sie mit einem Messer aus meinem Messerset, denn Messer gehören nicht zur Ausstattung meiner Küche. Schließlich isst man hier alles mit Löffeln oder Gabeln. Die Frucht ist viel härter und größer als die mir bekannten Birnen und schmeckt unglaublich saftig und lecker. Zum Schluss gibt es noch 20% igen Joghurt mit Himbeermarmelade (oder habe ich etwa saure Sahne gekauft?). Alles sehr gut. Schließlich ist es 23.30 Uhr, als ich ins Bett gehe.

Sowjet-Nostalgie und gutes Essen

Sonntag, 01.05.2022

Mit nicht nennenswerter Verspätung werde ich um 9.15 Uhr von Jahongir und seiner Frau Damira abgeholt. Jahongir fährt einen Minivan, wie sie hier zu Hunderten auf den Straßen unterwegs sind. Es ist schon jetzt so warm, dass wir mit geöffneten Scheiben fahren. Der Sicherheitsgurt funktioniert nicht einmal auf dem Vordersitz.

In Xonobod angekommen, erwartet uns Gulbanu an einer Kreuzung. Sie leitet uns auf eine Nebenstraße, die aus dem Ort hinausführt. Es soll zu einem Stausee gehen. Nach einer Weile deuten alle nach vorn. Dort sei die Talsperre, die landschaftlich besonders schön sei. Ich sehe nichts. Bis ich erkenne, dass das, was ich im Dunst für einen Berg gehalten habe, eine riesige Staumauer ist. Gulbanu erzählt, dass ihr Vater als Ingenieur an dem Damm mitgebaut habe, der 1982 fertiggestellt wurde. Je mehr wir uns der wirklich gigantischen Staumauer nähern, desto schlechter wird die Straße. Dann sehe ich den ersten mit Soldaten besetzten Wachturm hinter einem Zaun. Am nächsten Posten halten wir an. Dort steht auf einem Schild, dass das Fotografieren nicht erlaubt sei, von einem Durchfahrtverbot kann ich aber nichts erkennen. Aber Fragen ist sicherer. Tatsächlich erlaubt man uns nicht zu passieren. Die kirgisische Grenze muss in unmittelbarer Nähe sein. Später sehe ich auf google maps, dass die Grenze mitten durch den See verläuft und auch die Staumauer teils auf usbekischem, teils auf kirgisischem Gebiet liegt. Gulbanu sagt, es sei viele Jahre her, dass sie oben am See gewesen sei. Obwohl sie in unmittelbarer Nähe wohnt, scheint sie von den zwischenzeitlichen politischen Veränderungen nicht viel mitgekommen zu haben. In ihrer Jugend gab es zwischen Usbekistan und Kirgisistan keine sichtbare Grenze.

Auf dem Rückweg biegen wir in der Nähe von Damiras Heimatdorf auf eine kleine Straße zwischen Reisfeldern ein.

Plötzlich liegt links eine größere asphaltierte Fläche mit noch eben erkennbar markierten Parkplätzen. Ich habe wieder Fragezeichen in den Augen. Wozu dient ein Parkplatz mitten in einem Reisfeld? Dann geht es im ersten Gang mühsam einen Damm hinauf und dahinter liegt ein weitgehend mit Pflanzen zugewachsener Tümpel, der früher mal ein See war. Die Ufervegetation lässt noch erkennen, wo das Wasser mal gestanden hat. Ich fühle mich ans Tote Meer erinnert. Entlang des Damms stehen auf der einen Seite ziemlich heruntergekommene kleine Nur-Dach-Häuschen mit Terrassen zum See. Auf der anderen Seite sind ehemalige Picknickplätze auf Pfählen, die wohl mal im Wasser gestanden haben. Die Stege und Treppen, die dort hinführten, sind in Ansätzen zu erkennen, manche Podeste haben auch noch Metalldächer, die im kräftigen Wind, der hier oben bläst, laut klappern. Zwischen all dem liegen vergammelte Tretboote auf dem Trockenen. Damira erzählt, dass sie als Kind hier immer geschwommen und vom Sprungturm ins Wasser gesprungen sei. Tatsächlich ist noch ein klappriges Holzgestell zu erkennen, das im flachen Wasser nicht mehr zum Springen einlädt. Ich bekomme erklärt, dass jetzt keine *„holiday season"* sei. Deshalb sehe alles so verlassen aus. Wer's glaubt! Ich habe den Eindruck, dass Damira ziemlich enttäuscht ist, was aus dem Ort ihrer Kindheitserinnerungen geworden ist. Obwohl sie im Nachbardorf wohnt, war sie – wie sie mir erzählt – seit vielen Jahren nicht mehr hier. Sie versucht aber, sich nichts anmerken zu lassen.

Tatsächlich ist eins der Ferienhäuschen bewohnt und der Besitzer führt es uns bereitwillig vor. Von einem sehr schlichten Wohnraum führt eine Metalltreppe ins obere Stockwerk. Auf der Terrasse steht ein Holztisch mit Bänken hinter einem Windfang aus Schilf. Dazu ein verrostetes Grillgestell von der Sorte, die man gelegentlich an Straßenrändern vor Lokalen oder auf dem Markt sehen kann. Dieser Platz hat durchaus seinen Charme. Von hier aus kann man auch an der gegenüberliegenden Seite des Sees zwei ganz neue Picknickplätze und ein modernes Gebäude sehen, das ein Restaurant sein könnte.

Dann geht der Nostalgietrip meiner Kolleginnen weiter. Auf der anderen Seeseite, in der Nähe des Restaurants, liegt ein eingezäuntes Ferienlager, das der Universität Andijan gehört. Hier stehen wir erst einmal vor einem geschlossenen Tor. Schließlich kommt ein junger Mann, und es entspannt sich eine Diskussion, in der es offenbar um die Frage geht, ob wir das Gelände betreten dürfen. Es wird auf der einen und anderen Seite des Tors telefoniert, das Telefon auch durch die Gitterstäbe gereicht. Dann dürfen wir auf das verlassen daliegende Gelände fahren. Das Camp scheint tatsächlich im Sommer in Betrieb zu sein, wenn Personal und Studenten der Uni in den recht neu aussehenden Gebäuden ihre Ferien verbringen. Gulbanu sagt, zu ihrer Studienzeit habe sie auf dem Gelände gezeltet. Überhaupt scheint sie mit diesem Camp die tollsten Erinnerungen zu verbinden. Es fällt mir schwer, den schlichten Gebäuden und den im Park verstreuten Picknickplätzen Begeisterung entgegenzubringen. Angenehm ist bei der heutigen Wärme allerdings der Schatten der vielen hohen Bäume. Auf Gulbanus Betreiben suchen wir auch noch das Schwimmbad und finden ein über und über mit Grünalgen bedecktes Bassin, an dessen Rand eine vollkommen verrostete Pumpe darauf hinweist, dass auch hier wohl seit langem niemand mehr geschwommen ist.

Auf der Weiterfahrt sehen wir rechts der Straße ein mehrere Kilometer langes Gelände, auf dem gewaltige Erdarbeiten stattfinden. Ich erfahre, dass hier ein künstlicher See entstehen soll, mit dem man Touristen anlocken will. Das riesige Sanatorium, das mir am vergangenen Sonntag schon gezeigt wurde und das demselben Zweck dienen soll, ist in der Ferne auf einem Hügel zu erkennen. Wieder aber frage ich mich, wie optimistisch man sein muss, um hier am Ende der Welt Touristen zu erwarten. Und wer finanziert diese gigantischen Investitionen in eine sehr ungewisse Zukunft?

Nun fahren wir zu dem großen Einkaufszentrum, das ich am vergangenen Sonntag schon besichtigen durfte. Gulbanu benötigt noch Zutaten für das Plov. Von der Auswahl der Joghurtsorten ist sie so überwältigt, dass sie erst einmal von verschiedenen Bechern den Deckel öffnet, um sich die Konsistenz anzusehen. Ich finde zufällig ein Teesieb, das ich in meinem Bungalow gut gebrauchen kann, und Tee, der mit 80 Cent pro 100 Gramm noch günstiger ist als gestern. Als ich beides bezahlen will, besteht Damira darauf, die Rechnung zu übernehmen. *„You are our guest"* und Gäste dürfen nichts bezahlen.

Gulbanu wohnt in einem Plattenbau mit Eigentumswohnungen. Die Fassade und das Treppenhaus sind ziemlich heruntergekommen. So etwas wie eine Gemeinschaftsumlage und eine Hausverwaltung gibt es offenbar nicht. Die Wohnung ist aber ganz gemütlich, mit einem riesigen roten Plüschsofa, auf das noch eine zusätzliche Steppdecke und Kissen gelegt werden. Das Bad wäre nach europäischen Maßstäben zwar auch eher schäbig, nach allem, was ich hier gesehen habe, ist es aber geradezu luxuriös ausgestattet. Gulbanus Tochter und ihre Nichte haben schon das Essen vorbereitet. Der gekaufte Joghurt wird noch angerichtet und das Plov mit den soeben erstandenen Gewürzen verfeinert.

Da Gulbanu aus Gesundheitsgründen nicht fastet, essen wir gemeinsam Plov und von allem anderen, was auf dem Tisch wieder mal sehr dekorativ aufgebaut ist. Die Plastikflaschen fallen mir schon nicht mehr auf. Aus dem Supermarkt haben wir auch Saft von der gestrigen birnenartigen Frucht mitgebracht. *Google translate* ist allerdings der Ansicht, dass es sich nicht um Birnen, sondern um Quitten handelt. Offensichtlich aber eine ganz andere Sorte als die, die ich von zu Hause kenne. Nach einer Weile ziehen sich Damira und Jahongir zum Beten zurück. Danach schreiben sie mir all ihre religiösen Bräuche rund um Ramadan auf. Gulbanu steuert dazu ein Heft bei, das auf der letzten Seite gleich vierfach gesiegelt ist. Offenbar gehört es zu dem Material, das Lehrer und Schüler vom Staat zur Verfügung gestellt bekommen. Ich stelle mir gerade vor, wie viele Beamte wohl damit beschäftigt werden, die Schulhefte aller usbekischen Schüler zu siegeln. Das Heft bekomme ich dann geschenkt. Die beschriebene Seite herauszutrennen kommt nicht in Frage. Auf die vielen Fehler hinzuweisen, die beim Schreiben gemacht werden *(„We will give some gifts our parents"),* verkneife ich mir natürlich und bedanke mich stattdessen. Tatsächlich war es mir ein Anliegen zu erfahren, was wann warum gefeiert wird. Altynbek hatte auf solche Fragen immer nur sehr blumige Antworten, als wisse er es auch nicht so genau. Interessant für mich ist auch zu erfahren, dass Gulbanus Nichte in einem ganz neuen Haus wohnt, das die Familie als Entschädigung für das alte bekommen hat, das entweder der Prachtstraße von Xonobod oder dem in Entstehen befindlichen See weichen musste. Die Übersetzung vom Usbekischen ins Englische gelingt Gulbanu leider nur bruchstückhaft.

Gulbanu erzählt dann noch, wie angenehm für sie als alleinstehende Frau (sie ist geschieden, ihre Tochter studiert Medizin in Taschkent) das Leben in Xonobod und besonders in diesem Haus sei. Mehrfach nimmt sie dabei das Wort *„peaceful"* in den Mund, und ich erlaube mir den Wunsch auszusprechen, dass ihr und unser aller Leben *„peaceful"* bleiben möge. Den Krieg in der Ukraine und diverse Unruhen, die es in dieser Gegend gegeben hat, hat sie aber offenbar gar nicht auf dem Schirm. Die Usbeken sind ein friedliebendes Volk, betont sie mehrfach. Gulbanu hat trotz ihrer Sprachkenntnisse (Sie spricht fließend Usbekisch und Russisch und leidlich Englisch) und ihrer Aufgeschlossenheit für alles, was mit Bildung zu tun hat, ein ziemlich schlichtes Gemüt.

Bevor wir gehen, bekomme ich noch einen Schal geschenkt und muss ein großes Fresspaket mit Plov, Obst und Süßigkeiten mitnehmen. Gulbanu und Damira bekommen dafür von mir jeweils eine Schachtel mit getrockneten Früchten, was im Vergleich wieder beschämend wenig ist. Das sei aber völlig ok, sagt man mir, denn zum morgigen Hayit-Fest würden nur die Alten beschenkt. Und die einzige Alte im Raum sei ich. Na toll! Unterwegs steigt Damira in einem der Dörfer aus, da ihre Kinder auf sie warten. Jahongir fährt mich nach Hause und will wieder mit mir über Einwanderungsbedingungen in Deutschland sprechen. Ich würge das ab, indem ich ihm verspreche, ihm einen Link zum BAMF zu schicken, wo er alles ausführlich auf Englisch oder Russisch lesen kann. Ich habe mich inzwischen schlau gemacht und fürchte, dass er – genau wie Altynbek – keine Chance hat, in Deutschland einwandern zu können.

Zuhause muss ich erst einmal duschen. Inzwischen ist es 31 Grad warm, aber ich verzichte darauf, die Klimaanlage einzuschalten. Kaum zu glauben, dass ich sie vor wenigen Tagen noch zum Heizen benutzt habe. Fast bin ich etwas enttäuscht, dass ich den Rest des Tages nichts mehr zu tun habe, während alle Usbeken heute zum Ende des Ramadan ihre Nachbarn besuchen und ihnen Plov bringen. Ich schlafe und lese etwas, schreibe und beantworte Nachrichten und mache einen kleinen Spaziergang durch die Anlage. Die Rasensprenger, die gegen Abend angestellt werden, bringen eine wohltuende Erfrischung.

Um 19.15 Uhr höre ich den Muezzin (zum ersten Mal hier) und beschließe, dass es auch für mich Zeit ist, etwas zu essen. Gerade habe ich mir Tee gekocht und eine Portion von Gulbanus Plov in der Mikrowelle warmgemacht, als jemand draußen meinen Namen ruft. Vor der Tür stehen einige Mitbewohner und die Kantinenwirtin und bringen mir auf feinem Porzellan eine riesige Portion Plov mit Wachteleiern und etwas Salat. Zum Glück habe ich noch genügend getrocknete Früchte übrig, so dass ich im Gegenzug zwei Schachteln abgebe.

Ich speise also fürstlich, allerdings bin ich schon nach nicht einmal der Hälfte der Portion satt. Die Kantinenwirtin hat offenbar an nichts, vor allem nicht an Fett gespart. Gerade habe ich gespült, als Altynbek anruft. Ob er mir etwas Plov bringen dürfe. Da darf ich natürlich nicht nein sagen. Eine halbe Stunde später meldet er sich nochmal: Er stehe jetzt vor dem Tor. Ob ich kommen könne. Es sei ihm nicht erlaubt, das Gelände zu betreten (wieder so ein Märchen).

Am Tor treffe ich dann seine ganze Familie: Seine Mutter, seine Frau, zwei seiner Söhne, einen Neffen und eine Nichte. Alle sind überschwänglich freundlich zu mir und ich bekomme nicht nur eine Tüte mit Plov, Äpfeln und einer großen Fanta-Flasche, sondern auch ein Handtuch und etwas aus Stoff, das ich für einen weiteren Schal halte. Ich überreiche eine Schachtel meiner mitgebrachten Ostereier und komme mir dabei wieder etwas knauserig vor. Übermorgen soll ich dann mit seiner Mutter shoppen gehen. Was das wohl wird? Wir wollten doch nach Andijan.

Essen kann ich nun allerdings nichts mehr. Ich verstaue auch diese Portion Plov im Kühlschrank und packe meinen Schal aus. Es stellt sich heraus, dass er geschätzte zehn Meter lang ist! Da der Stoff sich sehr hochwertig anfühlt, muss es sich um den berühmten usbekischen Ikat-Stoff handeln. Ich google, finde meine Vermutung bestätigt und lese, dass ein Meter dieses Stoffs bei uns 12 bis 13 Euro kostet!

Den Rest des Abends verbringe ich mit Lesen. Keine Unterrichtsvorbereitungen! Ich verlasse mich darauf, dass dafür morgen genug Zeit ist.

Happy Hayit!

Montag, 02.05.2022

Heute ist Hayit, der höchste islamische Feiertag und auf meinem Programm steht NICHTS! Ich weiß nicht, ob ich mich darüber freuen oder ärgern soll. In vier aufeinander folgenden freien Tagen hätte ich ganz Usbekistan bereisen können, aber offenbar war das ja nicht gewollt. Ich ärgere mich auch, dass ich da nicht selbst mehr Initiative gezeigt habe, aber man ist ja erst einmal unsicher und will auch keinen vor den Kopf stoßen. Beim nächsten Mal bin ich schlauer, aber so eine Chance ergibt sich bestimmt nicht wieder. Zum Frühstück will ich nicht schon wieder Plov essen. Also gibt es Brot mit Butter, Käse und Wurst (war in Gulbanus Fresspaket), dazu die Wachteleier aus dem Plov und einen Joghurt mit Himbeermarmelade, dazu grünen Tee, der sehr lecker schmeckt.

Den Tag verbringe ich mit Unterrichtsvorbereitungen für den Rest der Woche und mit ganz viel Lesen. Die Geschichte „Dshamilja" des kirgisischen Autors Tschingis Aitmatow, laut Louis Aragon „die schönste Liebesgeschichte der Welt", ist wirklich sehr schön und eine ideale Lektüre, wenn man gerade in Mittelasien ist.

Zu Mittag gibt es dann wieder Plov, diesmal in der Variante von Altynbeks Frau. Aber auch von dieser Portion kann ich nur einen kleinen Teil essen, so mächtig ist der ölgetränkte Reis. Inzwischen ist es sehr heiß und ich lege mich erst einmal eine Weile schlafen. Danach stelle ich die Klimaanlage auf 23 Grad und stelle fest, dass ihre kühlende Wirkung deutlich schneller eintritt als die wärmende.

Vor dem Abendessen mache ich noch einen kleinen Gang durch die Anlage und beobachte die Stare, die zu hunderten in den Kastanienbäumen einen Höllenlärm machen. Dann gibt es wieder Plov. Ich entscheide mich diesmal für Gulbanus

Kreation. Ihr Plov ist weniger fett und enthält das Fleisch nicht in großen, sondern in vielen kleinen Stücken. Schmecken tun allerdings alle Sorten. Ich habe immer noch drei Schüsseln übrig.

Um 21.30 Uhr ruft Altynbek an und fragt „*What are your plans for tomorrow?*", als ob wir nicht schon vor Tagen verabredet hätten, nach Andijan zu fahren. Er schlägt dann vor, dass wir nicht nach Andijan, sondern an einen anderen Ort fahren, wo es nicht so warm sei und wo es ein Museum gäbe. Irgendwie gelingt es mir dann doch, ihm deutlich zu machen, dass ich auch gern Andijan sehen würde. Laut Reiseführer soll es dort ein paar Sehenswürdigkeiten, z.B. eine imposante Freitagsmoschee, geben. Der Kompromiss ist, dass wir morgens nach Andijan und nachmittags in den anderen Ort fahren. Inschallah.

Ich will nach Andijan!

Dienstag, 03.05.2022

Heute weiß ich nicht, was ich anziehen soll. Der Wetterbericht sagt Temperaturen bis 28 Grad bei bedecktem Himmel voraus. Ein Sommerkleid wäre also gut, allerdings habe ich keines mit längeren Ärmeln und allzu sehr will ich in Andijan ja nicht auffallen. Nach Anprobe mehrerer Kombinationen, die alle gleich doof aussehen, entscheide ich mich für das dünne schwarze Baumwollkleid, das ich schon um die halbe Welt getragen habe und das langsam Auflösungserscheinungen zeigt. Als züchtiges Accessoire zum Bedecken der Arme und notfalls auch des Kopfes kommt mir das Tuch, das mir Gulbanu geschenkt hat, gerade recht. Es ist groß, leicht und passt sogar farblich gut.

Zum Frühstück gibt es wieder Reste: Brot, Butter, aufgeschnittenes Fleisch aus dem Plov, Joghurt und Marmelade. Der frisch aufgebrühte grüne Tee schmeckt wieder mal super. Der Rest davon kommt in eine leere Wasserflasche. Er schmeckt nämlich auch gekühlt sehr gut.

Um 9.30 Uhr holt mich Altynbek mit einem Taxi ab. Am Tor fragt mich ein junger Mann, ob in meinem Bungalow alles in Ordnung sei, oder ob ich etwas brauche. Er entschuldigt sich auch für das fehlende Toilettenpapier. Ich sage ihm, dass ich nichts brauche, aber dass es schöne wäre, wenn mein Müll entsorgt würde. Inzwischen hat sich in der Küche nämlich wieder allerlei angesammelt, das jetzt in einer Tüte auf dem Boden liegt.

Altynbek hat seinen kleinen Sohn Murat mitgebracht, die Mutter aber nicht. Unterwegs erklärt er mir, dass seine Mutter sich als Schlichterin dringend um einen akuten Fall kümmern müsse. Ihre Aufgabe sei es, im Dorf in Familienstreitigkeiten zu vermitteln und dabei insbesondere auf die Rechte der Frauen zu achten. Mit dieser Aufgabe sei sie offiziell beauftragt, und in der Regel würde man ihrem Rat folgen. Meistens bemühe sie sich darum, Ehescheidungen abzuwenden. Ich frage interessiert nach und erfahre, dass die häufigsten Scheidungsgründe Kinderlosigkeit und Untreue seien. Über die Scheidung befinde dann letztlich ein Richter nach einer gewissen Karenzzeit. Ich versuche mir vorzustellen, wie sich eine Frau fühlen muss, wenn der Mann sich wegen Kinderlosigkeit scheiden lassen will und frage mich, wie oft wohl eine Frau die Scheidung beantragt, weil der Mann zeugungsunfähig ist.

Nach einer halben Stunde Fahrt sagt Altynbek, der Taxifahrer habe gesagt, in Andijan sei es heute besonders heiß. Gestern seien dort 40 Grad gemessen worden. Er schlage vor, dass wir nicht dorthin fahren, sondern nur bis Bog'i Shamol, wo es angenehmer sei. *„What do you think?"* Ich wusste es! Diesmal lasse ich mich aber nicht darauf ein und frage, wie weit dieser Ort denn von Andijan entfernt sei. Die Antwort ist: Fünf Kilometer. Und dann ein ganz anderes Klima? Vereimern kann ich mich selber! Ich insistiere dieses Mal und sage, dass ich doch gerne Andijan sehen würde, insbesondere die Altstadt und die Freitagsmoschee. Ein kurzer Besuch und ein Blick von außen würden ausreichen, danach könnten wir gern die Kühle genießen. Altynbek ist nicht begeistert, aber er gibt sich geschlagen.

Der Taxifahrer fährt also durch Bog'i Shamol durch. Unterwegs sehen wir noch einen großen christlichen Friedhof, an dem heute viel Betrieb ist, da man der Toten gedenkt. Im Mai?

Kurz darauf hält der Fahrer an und wir müssen das Taxi wechseln. Ich vermute, dass er für Andijan keine Lizenz hat. Altynbek hat eine App, mit der man Yandex-Taxis orten und herbeirufen kann. Nur leider funktioniert sie nicht. Das in der Nähe geortete und bestellte Taxi bewegt sich nicht vom Platz. Inzwischen fahren zig Taxis an uns vorbei, mindestens 20 halten und wollen uns mitnehmen, aber wir warten in der

Sonne auf unseres, das billiger sein soll. Erst nach einem längeren Telefonat erscheint es tatsächlich und lässt uns einsteigen. Altynbek sagt dem Fahrer, dass wir zum Museum wollen (so viel verstehe ich sogar auf Usbekisch). Und was macht der Fahrer? Er nutzt die nächste Gelegenheit, um auf dem achtspurigen Boulevard zu wenden und hält auf der anderen Straßenseite genau auf der Höhe unserer Einstiegstelle. Wir stehen vor einem Gebäude, an dem „Museum" steht. Glaubt er wirklich, wir hätten eine Viertelstunde auf ein Taxi gewartet, um uns auf die andere Straßenseite bringen zu lassen? Als der Fahrer und Altynbek erkennen, dass dieses Museum nicht unser Ziel ist, geht die Fahrt weiter, allerdings erst einmal in die falsche Richtung - die, aus der wir gekommen sind. Merkt das denn keiner? Doch. Der Fahrer telefoniert, und nach einiger Zeit erhält er endlich die Anweisung umzukehren. Nun geht es tatsächlich Richtung Innenstadt und nach einer längeren Fahrt gelangen wir ins Altstadtviertel, das aber als solches nicht zu erkennen ist, da die Straße, die hindurchführt, ebenfalls achtspurig ist. Schließlich liegt rechterhand der Juma-Komplex, ein großer Platz mit einer ehemaligen Medrese, einer Moschee, einem Minarett und einem Museumsgebäude. Wir steigen aus und zum ersten Mal sehe ich in diesem Land ein imposantes Ensemble, das mit seinem gefliesten Portal, den Kuppeln und Balkonen die Erwähnung im Reiseführer verdient. Nachdem wir einen geringen Eintritt gezahlt haben – meine Karte ist teurer als die für Einheimische, aber immer noch günstig – schließt uns die Museumsführerin die Räumlichkeiten auf und erläutert die Ausstellungsstücke. Manche Exponate sind auch auf Englisch beschriftet und ganz interessant. So lerne ich zum Beispiel, dass die unterschiedlichen weißen Stickereien auf den schwarzen traditionellen Kopfbedeckungen der Männer die Herkunft der Träger erkennen lassen. Allerdings könnten einige Ausstellungsstücke mal einen Staubwedel vertragen.

In einem neu restaurieren Teil des Gebäudekomplexes befinden sich kleine Lädchen, meistens Schneidereien. Als ich aber kein Interesse zeige, hier etwas zu kaufen, schlägt Altynbek vor, das Heimatmuseum nebenan zu besuchen, dass uns die Museumsführerin als weitere Attraktion ans Herz gelegt hatte. Ich möchte aber lieber zur Freitagsmoschee, die ganz in der Nähe liegt und deren blaue Minarette ich vom Balkon der Medrese schon sehen konnte. Altynbek kann oder will mich aber nicht verstehen und führt mich zum Minarett der Medrese, um mir zu zeigen, dass es verschlossen ist. Weiß er wirklich nicht, dass die Hauptsehenswürdigkeit von Andijan nur etwa 200 Meter weiter an derselben breiten Straße liegt? Es bedarf einer erneuten Hartnäckigkeit meinerseits, bis wir uns endlich auf den Weg machen. Altynbek vergewissert sich trotzdem bei einem Passanten, ob dies der Weg zur Moschee sei. Seinen kleinen Sohn, der nur Flipflops trägt, nimmt er vorsorglich auf die Schultern, als stünde uns eine beschwerliche Wanderung bevor.

Das Portal der Moschee ist atemberaubend: riesig groß und mit blauen Kachelornamenten verziert. Vor dem Eingang zum Gebetsraum unterhalten sich zwei Männer, die offenbar zur Moschee gehören, und ich bitte Altynbek zu fragen, ob ich die Moschee auch von innen anschauen dürfe. Er kommt wieder mit der Auskunft, ich dürfe noch durch das hohe Portal bis in den Innenhof, aber nicht den Gebetsraum betreten. Nachdem der ältere der beiden Männer gegangen ist, lässt mich der jüngere nach einem weiteren, offenbar sehr freundlichen Gespräch mit Altynbek doch hinein. Mein großes Tuch hatte ich schon mal demonstrativ über die Schultern gelegt und ziehe es nun auch noch über den Kopf.

Der Gebetsraum erinnert mich an die Blaue Moschee in Istanbul, der dieses Gebäude in Größe und Pracht fast nichts nachsteht. Dem Reiseführer hatte ich entnommen, dass die Moschee in den 1990er Jahren erbaut wurde. Alles sieht noch immer neu aus: Die dicken Teppiche, der riesige Leuchter unter der in geschmackvollen Blautönen bemalten Kuppel. Auch Altynbek macht eifrig Fotos.

Als wir wieder im Innenhof sind, erkundigt sich der jüngere Mann von eben danach, wie mir die Moschee gefällt, und ich kann mich nochmal höflich bei ihm bedanken, dass ich hinein durfte. Offenbar hat Altynbek ihm einiges über mich erzählt, denn er zeigt sich nun sehr aufgeschlossen und freundlich. Als wir den Komplex verlassen, machen wir noch viele Fotos und Altynbek gibt nun auch zu, dass er hier noch nie war. Deshalb wollte er also nicht nach Andijan! Er kennt sich hier einfach nicht aus.

In einem kleinen Laden kaufen wir eine paar Süßigkeiten für den kleinen Murat, der nun tatsächlich müde vom Laufen ist. Auf die Besichtigung der im Reiseführer ebenfalls empfohlenen Handwerkergasse und des Basars verzichte ich. Stattdessen fahren wir nun tatsächlich nach Bog'i Shamol. Unterwegs redet der Taxifahrer ununterbrochen. Altynbek reagiert nur ganz gelegentlich mit ein oder zwei Wörtern. Zu dumm, dass ich kein Wort verstehe.

In Bog'iShamol suchen wir erst einmal ein Restaurant auf. Die Kellnerin ist auffällig einsilbig, der erste unfreundliche Mensch, der mir in diesem Land begegnet ist. Sie platziert uns in einem großen, wartesaalähnlichen Raum, immerhin am Fenster. Beim Gang zur Toilette sehe ich, dass sich hinter dem Haus ein schöner Garten befindet, in dem Menschen auf den typisch usbekischen Sitzmöbeln, die wie Bettgestelle aussehen und Taptschan heißen, rund um niedrige Tische hocken. Das sieht schön aus, aber von der Existenz dieses Gartens wusste Altynbek leider nichts. Wahrscheinlich ist es auch nicht möglich, zu zweit auf einem Taptschan Platz zu nehmen. Wir sitzen also ganz bequem westlich an einem Tisch und essen ein großes Stück gesottenes Fleisch mit Kartoffeln. Als Besteck stehen wieder nur Löffel und Gabel zur Verfügung. Wie zerteilt man damit große Fleischstücke? Nur unter Zuhilfenahme der Finger gelingt es mir, mundgerechte Stücke abzuzupfen. Man sollte den Usbeken doch vielleicht mal die Vorteile des Messergebrauchs beim Essen nahebringen. Besonders lecker ist hier aber das Brot, dass knusprige Stückchen enthält, die – so erklärt mir Altynbek – aus Butter hergestellt werden. Ich nehme den nicht aufgegessenen Rest mit und kaufe noch einen Fladen für morgen dazu. Vor dem Restaurant steht nämlich der Backofen, aus dem die Brote noch heiß verkauft werden.

Nun geht es zum Babur-Park mit dem Mausoleum des Heerführers und Dichters Babur, eines entfernten Nachfahren des berühmten und für seine Grausamkeit berüchtigten Eroberers Amir Timur, den man hier als einen der Gründer Usbekistans feiert.

Während das Mausoleum imposant auf einem Hügel thront, den man über Treppen erklimmen kann, vorbei an Blumenrabatten, Springbrunnen und einem Bronzedenkmal, ist die Hauptattraktion offenbar eine Art Vergnügungspark am Fuße des Bergs mit Karussells, Cafés, Grillständen und einer Seilbahn, die den Hügel hinauf führt. Überall ist reichlich Betrieb. Familien aus dem weiten Umkreis nutzen den Feiertag offenbar zu einem Ausflug. Vor der Seilbahn drängen sich Menschen in einer langen Schlange danach, in Zweiergondeln nach oben befördert zu werden. Das kann ja Stunden dauern! Wir beschließen, den Fußweg anzutreten, aber der kleine Murat ist enttäuscht und darf zum Trost erst einmal eine Runde mit einem Elektroauto fahren.

Danach geht es aufwärts, aber das Mausoleum ist geschlossen. Murat muss erst einmal vor Erschöpfung weinen. Auf halber Strecke nach unten ist ein kleines Babur-Museum in einem Gebäude, das ebenfalls sehr prachtvoll aussieht. Nun besteht Altynbek darauf, dass wir hineingehen. Es stellt sich heraus, dass die Museumsführerin eine Studienkollegin von ihm ist, die sehr gut Englisch spricht und sich große Mühe gibt, mir alles zu erklären. Das meiste hatte ich allerdings schon im Reiseführer gelesen, vor allem, dass Babur nur bis zu seinem 12. Lebensjahr in Andijan gelebt hat und sein eigentliches Mausoleum in Kabul steht. Hier verwahrt man nur etwas Erde von seiner Grabstätte.

Nach dem Museumsrundgang bessert sich Murats Laune schlagartig, denn jetzt soll es in den Zoo gehen. Dieser befindet sich ein paar Hundert Meter weiter. Da das würzige Essen und der Aufstieg zum Mausoleum mich durstig gemacht haben, kaufe ich erst einmal Wasser für Altynbek und mich und Fanta für Murat, dann machen wir uns auf den Weg. Inzwischen bin ich doch etwas erschöpft, denn natürlich ist es hier kein Grad kälter als in Andijan, und die Luft wird zunehmend schwül. Ich lasse mir aber nichts anmerken und Altynbek äußert sich bewundernd über meine Energie, und ich wundere mich auch ein bisschen.

Der Zoo ist ziemlich neu und für Kinder sehr schön. Wir sehen u.a. Löwen, Tiger, Kamele, Zebras in durchaus attraktiven, einigermaßen artgerechten Gehegen (wenn man das von Zoos überhaupt sagen kann). Außerdem gibt es hier erfrischende Sprinkleranlagen, die kühlendes Nass über den Zoobesuchern versprühen. Von Müdigkeit ist bei Murat jetzt nichts mehr zu spüren. Begeistert läuft er von Gehege zu Gehege, man muss ihn nur ständig davon abhalten, seine Finger durch die Gitter zu stecken, besonders bei den Papageien. An einem Spielzeugstand kaufe ich ihm eine martialisch aussehende Spielfigur, die er besonders schön findet. Zum Abschluss darf er dann auch noch auf einem der vielen Karussells fahren.

Während wir auf ein Taxi warten, das uns nach Hause bringt, frage ich Altynbek, worüber denn der vorige Taxifahrer so ausführlich schwadroniert habe. Altynbek sagt, er habe seine religiösen Vorstellungen ausgebreitet, ausgehend von der Tatsache, dass man mir zuerst nicht erlaubt habe, die Moschee zu betreten. Der Taxifahrer habe etliche Argumente vorgebracht, warum das so sein müsse. *„He was talking about tolerance in Islam"* fasst Altynbek dann überraschenderweise zusammen. Meinte er nicht eher *„intolerance"*? Da ihm das peinlich gewesen sei, habe er keine Anstrengung unternommen, mich in den Inhalt des Gesprächs einzuweihen.

Das erinnert mich an die Situation mit der russischen Kriegslyrik und ich reagiere etwas genervt, indem ich sage, dass ich zum Thema Toleranz im Islam sehr wohl einiges hätte beitragen können. Schließlich hätte ich in meinem Philosophiestudium auch die Lehren des Dschalaladin Rumi studiert, der ja für einen toleranten Islam stehe. Altynbek schaut mich nur verwirrt an und sagt nichts. In Wirklichkeit hätte ich natürlich keinen Vortrag über Sufismus gehalten, aber es ärgert mich doch, dass andere entscheiden, was ich verstehen darf und was nicht.

Unterwegs kommt Altynbek mit der Information über, dass ich am Donnerstagvormittag eine Vorführstunde zu sehen bekommen soll. Ich erinnere ihn daran, dass ich genau dann eine Deutschstunde an der Schule No. 55 geben werde, was er offenbar ganz verdrängt hatte. Das könne man verschieben, ist seine Lösung. Ich weigere mich, etwas auf unbekannte Zeit zu verschieben, was ich schon minutiös geplant und mit den Kolleginnen der Schule No. 55 abgesprochen habe, worauf Altynbek seine Vorführstunde auf Freitag verlegt. Am Samstag fände dann mein Besuch an Schule Nr. 35 statt. In meinem Terminkalender steht der allerdings am Freitag auf dem Plan. Aber wenn er meint!

Auf dem Weg nach Hause schläft Murat im Auto fest ein. Ich finde meinen Bungalow tip-top aufgeräumt vor, wobei auch wieder in den Schränken für Ordnung gesorgt wurde nach einem sich mir nicht erschließenden Prinzip. Der Müll ist weg und Getränke wurden aufgefüllt, aber ich trinke in meiner Küche den kalten Tee von heute Morgen und gehe unter die Dusche, bevor ich mich aufs Bett lege und eine Stunde schlafe. Zum Abendessen gibt es mal wieder Plov und das leckere frische Brot.

Schulregeln und Damenrunde

Mittwoch, 04.05.2022

Zum Frühstück gehe ich heute zur Abwechslung mal wieder in die Kantine, aber es hat sich nicht gelohnt. Die Plätze draußen sind belegt und das kalte Ei reißt mich nicht gerade vom Hocker. Um halb zehn versuche ich Altynbek zu erreichen. Schließlich sollte genau jetzt die außerordentliche Feiertagssitzung in der Schule beginnen. Er meldet sich um 9.45 Uhr mit der Nachricht, er würde sich nun auf den Weg machen. Irgendetwas mit dem Taxi sei schwierig gewesen. Zum Glück ist der Wagen dann doch schnell da. Um zehn Uhr fahren wir endlich Richtung Schule. Ich frage Altynbek, ob er denn die Kollegen über meine Verspätung in Kenntnis gesetzt habe, was er bejaht. Seltsamerweise greift er aber im nächsten Augenblick zum Telefon. Zu dumm, dass ich nicht verstehen kann, wen er jetzt anruft und was er sagt. Ich habe da eine Vermutung!

Als wir an der Schule ankommen, sitzen fünf Kolleginnen auf dem sonnigen Schulhof, denn das Gebäude ist verschlossen. Eine sechste findet sich auch noch ein, viel später noch eine siebte und eine achte. Ich entschuldige mich für meine Verspätung, aber wieder wird mir erklärt, dass das in Ordnung sei. Man habe sich inzwischen nett unterhalten. Nachdem ein Hausmeister die Tür aufgeschlossen hat, begebe ich mich erst einmal an den Drucker, um das erste Arbeitsblatt auszudrucken. Ein zweites kann gedruckt werden, während ich mir als Einstieg erzählen lasse, wie die Feiertage verbracht wurden. So gibt es einen authentischen Sprechanlass und ich erfahre einiges über die diversen Familientreffen und die damit verbundenen Traditionen.

Dann geht es an die eigentliche Aufgabe. Heute sollen *school rules* behandelt werden, wobei zunächst in Partnerarbeit Beispiele gesammelt werden sollen. Einigen bereitet diese Form des kooperativen Arbeitens immer noch Probleme.

Außerdem muss ständig telefoniert oder Sonstiges erledigt werden. So kommt es dazu, dass zwar Ergebnisse präsentiert werden, aber völlig unsystematisch. Einige sagen, was ihnen spontan einfällt. Andere wiederholen genau das, was ihre Partnerin gerade schon genannt hat, und merken es nicht einmal. Man sollte doch besser nicht an einem Feiertag arbeiten! Die Beiträge an der Tafel zu clustern ist nicht sinnvoll möglich, da die Regeln nicht, wie gefordert, einzeln auf Zettel geschrieben, sondern ganze Listen angefertigt wurden. Ich nutze die Gelegenheit, eine Methodendiskussion über Sinn und Zweck von Partnerarbeit und die Beachtung von Arbeitsanweisungen zu führen, wobei Diskussion nicht das richtige Wort ist. Es handelt sich eher um einen Lehrervortrag.

Im zweiten Teil, als es darum geht, die eigenen Beispiele mit einem Regelkanon einer englischen Schule zu vergleichen, werden dann alle munterer und die Diskussion über Sinn und Zweck der englischen Regeln gelingt in den meisten Teams recht gut. Ein Gespräch im Plenum entwickelt sich daraus fast von allein und zum ersten Mal macht eine Lehrerin von sich aus einen Vorschlag zum weiteren Verfahren. So gelingt am Ende sogar eine abstrahierende Zusammenfassung und wir sind alle zufrieden, etwas geschafft zu haben.

Nach der Sitzung kommen drei Teilnehmerinnen zu mir und laden mich zu einer *„party"* ein, die jetzt im Anschluss bei einer Kollegin zu Hause stattfinden soll. *Surprise!* Mir fällt gerade noch rechtzeitig ein, dass ich für die morgige Deutschstunde noch etwas ausdrucken muss. Dann machen wir uns auf den Weg. Der Mann einer Kollegin wird uns fahren. Mir wird mal wieder bewusst, dass ich außer Kamilla, der SES-Repräsentantin in Taschkent, noch keine Frau habe Auto fahren sehen.

Noch überraschter bin ich, als nur eine einzige Kollegin mit mir ins Auto steigt, die anderen – einschließlich der Frau unseres Fahrers – verabschieden sich. Sie hätten keine Zeit.

Wir fahren in ein kleines Dorf, das an einem Fluss liegt. Wenn das Wasser nicht so braun wäre, sähe es sehr idyllisch aus. Das Haus, vor dem wir halten, ist ein Neubau ganz im usbekischen Stil mit einer langen fensterlosen Front zur Straßenseite und einem riesigen Tor. Zu meiner Überraschung empfängt uns die Kollegin Dilya, die heute nicht in der Schule war. Sie trägt statt ihrer Schuluniform bunte traditionelle Kleidung. Wieder wird in einer silbernen Kanne Wasser zum Händewaschen gereicht, dann betreten wir einen großen Raum mit einem niedrigen Tisch und Decken zum Daraufsetzen. Dass auf dem Tisch mehrere Fladen Brot und zig Schalen mit Gebäck, Gurken, Schokolade, Joghurt, Nüssen sowie Fanta- und Saftflaschen stehen, wundert mich inzwischen nicht mehr. Nach dem obligatorischen Gebet bekommen wir noch Somsa und einen Gemüsesalat gereicht. Kein Wunder, dass Dilya bei so viel Vorbereitung heute nicht zur Sitzung kommen konnte. Nach einiger Zeit tauchen noch mehr Lehrerinnen samt ihrer Kinder auf, alles Kolleginnen aus Dilyas Schule, die mir erzählen, dass sie sich jeden Monat einmal reihum zu einer *„Party"* treffen. Sie sind alle sehr gut gelaunt und wir bemühen uns so gut es geht, uns zu verständigen. Dumm nur, dass Dilya, die ganz gut Englisch spricht, meist damit beschäftigt ist, uns zu bedienen und weiteres Essen heranzutragen. So muss meist Shoira übersetzen, die im Kurs die schwächste ist und sich meist nicht traut, etwas zu sagen. Hier redet sie aber plötzlich drauflos und das meiste ist sogar verständlich. Welche Verwandlung! Am interessantesten ist das Gespräch über die Schwiegermütter. Die Frauen genießen es offenbar, sich mal ungestört über ihre häusliche Situation beklagen zu können. Es ist schon erschreckend, wie manche Schwiegermütter sich verhalten. Junge Frauen müssen gehorchen und bei allem, was sie tun, die Schwiegermutter um Erlaubnis bitten, wobei letztere selten mit dem Verhalten der Schwiegertochter zufrieden ist. Dabei vernachlässigen die jungen Frauen oft sich und ihre Gesundheit, so dass es kein Wunder ist, dass sie früh altern. Eine besonders sympathische junge Frau stöhnt darüber, dass sie neben ihrem Beruf die Schwiegermutter, drei Männer und ihre drei Kinder zu versorgen habe, so dass sie keinerlei Zeit für eigene Interessen habe. In dieser Lage sei sie nicht vollkommen glücklich, zieht sie dann vorsichtig Bilanz. Ich wage mal zu fragen, ob die jungen Frauen denn gedächten, später als Schwiegermütter mit ihren Schwiegertöchtern auch so zu verfahren. Die Antwort darauf bleibt nebulös, was vielleicht an Shoiras schlechter Übersetzung liegt (oder auch nicht).

Da das lange Auf-dem-Boden-Hocken und auch das mühsame Ringen um Verständigung mich langsam körperlich und geistig überfordern, bitte ich um ein Taxi, um nach Hause zu fahren. Dilya zeigt Verständnis, sagt dann aber *„Your food is ready"*. Welches *„food"*? Ich bin doch schon rundum satt. Tatsächlich bekomme ich nun noch einen Teller mit Fleisch, Kartoffeln und gefüllten Kohltaschen, von dem ich dann aus Höflichkeit auch noch ein Paar Gabeln esse (das Fleischstück muss auch hier mit Löffel und Gabel zerteilt werde). Dann steht irgendwann das Auto bereit. Zum Abschied bekomme ich – natürlich – wieder ein Fresspaket.

Der Fahrer ist Dilyas jüngerer Bruder, der sehr gut Deutsch spricht. Er erzählt, dass er während seines Landwirtschaftsstudiums in München ein Praktikum in der Molkerei Weihenstephan gemacht und später drei Jahre in Hamburg gearbeitet habe. Jetzt sei er bei Khantex für den Export von T-Shirts nach Marokko zuständig, wolle aber nach Möglichkeit eine Arbeitsstelle finden, die seiner Qualifikation besser entspräche. Ich erfahre außerdem, dass er als 29 jähriger drei Kinder hat und denke daran, dass er wahrscheinlich auch eine Frau hat, die alle häusliche Arbeit für ihn erledigt.

Mein verspäteter Mittagsschlaf wird leider von Altynbek gestört, der mich anruft, nur um zu fragen, ob ich gut nach Hause gekommen sei. Den Rest des Tages verbringe ich mit ziemlich ausführlicher Unterrichtsvorbereitung. Besonders die Deutschstunde gehe ich wieder und wieder durch und bin unsicher, was den Kindern wohl abverlangt werden kann und was nicht. Die Deutschkollegin hat mir ein Bild des Klassenraums geschickt, den sie schon nach meinen Wünschen eingerichtet hat.

Abends bin ich immer noch satt, so dass ich wieder nicht in die Kantine gehe, sondern mich mit ein paar Löffeln Plov (aus den vier Schüsseln sind inzwischen zwei geworden), Brot und ein paar Gurkenscheiben begnüge.

Kinder siezen und in Kameras lächeln

Ich war lange nicht mehr so nervös wie vor dieser Deutschstunde. Nach dem Frühstück gehe ich meine Planung nochmal durch und versuche, die einzelnen Schritte auswendig zu
lernen. Dabei kommen mir wieder neue Ideen. Aber irgendwann muss ich aufhören, Entscheidungen umzuwerfen. So
müssen sich Referendare vor ihrem Examen fühlen!

Um 8.50 Uhr soll ich am Tor abgeholt werde. Als ich um 8.45
Uhr losmarschiere, vergesse ich erst einmal meine Tasche mit
allen Utensilien, die ich für den Unterricht brauche. Also
nochmal zurück und dann schnell zum Tor. Ich will auf keinen
Fall unpünktlich sein, nachdem ich überall deutlich gemacht
habe, dass ich Pünktlichkeit für eine sehr sinnvolle deutsche
Tugend halte. Dann fällt mir auf, dass ich auch mein Handy
liegengelassen habe. Aber jetzt will ich nicht noch ein zweites
Mal zurücklaufen, denn in den verbleibendenden zwei Minuten kann ich es nicht schaffen, wieder am Tor zu sein. Und
eine Verspätung meinerseits wäre mir wirklich peinlich. Außer
zum Fotografieren brauche ich unterwegs sowieso kein Handy. Eine usbekische SIM-Karte habe ich immer noch nicht und
brauche sie jetzt auch nicht mehr.

Die Deutschkollegin der Schule No. 55 erscheint fast pünktlich
um 08.55 Uhr und entschuldigt sich vielmals für die 5-
minütige Verspätung. Offenbar sind ihr die deutschen Tugen-
den geläufig. An der Schule steht auch heute ein Empfangskomitee bereit, darunter die elegant gekleidete Schulleiterin
und mehrere Deutschschüler, die mir zur Begrüßung Brot und
Honig reichen, auswendig gelernte Informationen über
Deutschland und die deutsche Sprache aufsagen, mir eine
schwarz-rot-goldene Schleife anstecken und eine bunt bestickte Kappe, die traditionelle Kopfbedeckung für Frauen,
überreichen. Eine ältere Frau, die hinzukommt, wird mir als
die ehemalige Schulleiterin vorgestellt.

Dann geht es in den Klassenraum, in dem die Schülerinnen und Schüler schon auf mich warten. Die Stühle sind, wie von mir gewünscht, im Kreis aufgestellt, nur für mich ist keiner da. Ich zwänge mich aber noch mit meinem Lehrerstuhl dazwischen. Hinten sitzen viele Leute, darunter auch Eltern, Großeltern und die Schulpsychologin.

Dann läuft die Stunde ganz wie geplant. Die Kinder machen begeistert mit und reißen sich darum, dran zu kommen: „Ich, ich, ich!", rufen sie. Manche versuchen auch, mir zu zeigen, was sie über das Geforderte hinaus sonst noch auf Deutsch sagen können. Ich war doch mit den Ansprüchen etwas zu vorsichtig.

Nur eine Peinlichkeit unterläuft mir, als ich bei einem Abzählvers einen Jungen, der besonders klein gewachsen ist, glatt übersehe. Ich hoffe, der kleine Kerl hat es sich nicht zu sehr zu Herzen genommen.

Nach der Stunde veranstaltet die Deutschlehrerin mit der Klasse noch ein Quiz mit Aufgaben wie „Nennen Sie vier Farben", „Nennen Sie fünf Wochentage", „Sagen Sie ein Gedicht auf". Tatsächlich siezt die Lehrerin die Fünftklässler durchgehend, was ich merkwürdig finde und in meinem Unterricht natürlich nicht getan hatte. Dann singen die Kinder noch deutsche Volksieder und tanzen dazu. Die szenische Darstellung der „drei Chinesen mit dem Kontrabass" ist echt putzig, obwohl sie in Deutschland wahrscheinlich der *cancel culture* zum Opfer fallen würde.

Im Anschluss kommen ältere Schüler und überreichen einen schweren Keramikteller als Geschenk. Ich denke an mein Gepäcklimit von 23 Kilo und lasse mir meinen Schrecken nicht anmerken. Dann gibt es wieder die obligatorischen Fotos, mit der Gruppe und mit jedem einzeln. Der anwesende Opa ist begeistert und eine Schülerin nimmt mich ganz fest in den Arm.

Eine Nachbesprechung der Stunde ist offenbar nicht geplant. Dabei wäre das sicher nötig, wenn das Ganze überhaupt einen Sinn haben soll. Stattdessen gehen wir in das Selbstbedienungsrestaurant, das ich schon aus zwei vorigen Besuchen kenne. In der ersten Etage ist die Möblierung gediegener und für uns ist sogar ein fensterloses Separee reserviert. Leider wurden die Räumlichkeiten aber gerade frisch gestrichen, sodass es unerträglich nach Farbe riecht. Wir verzichten also auf die Exklusivität und setzen uns im Erdgeschoss an einen normalen Tisch.

Beim Essen sprechen wir doch noch über Unterrichtsmethoden, und ich habe den Eindruck, dass die Kolleginnen mit meinem kommunikativen Ansatz durchaus etwas anzufangen wissen. Sie wirken viel aufgeschlossener als die Lehrkräfte in Karasuv. Als ich frage, warum die Zehnjährigen gesiezt wurden, erfahre ich, dass in Usbekistan nur Kinder der eigenen Familie geduzt würden. Alle anderen Menschen, auch die Eltern und Ehepartner, würden gesiezt. Ja sogar der Säugling, den eine Kollegin mitgebracht hatte, würde mit „Sie" angesprochen. So kommen wir darauf, über Elternzeit zu sprechen. Die Kolleginnen mit dem Baby ist nämlich gerade beurlaubt, hält aber auch in der Elternzeit ständig Kontakt zur Schule. Sie ist 35 Jahre alt und das Baby, das ein echter Wonneproppen ist, ist ihr drittes Kind. Als ich sage, dass bei uns auch Väter in Elternzeit gehen, ist die Überraschung groß.

Da mir aufgefallen war, dass die ehemalige Schulleiterin bei meiner Vorführstunde nicht hospitiert hat, frage ich nach und erfahre, dass sie sich nicht korrekt gekleidet gefühlt habe. Mir war an ihrer Kleidung nichts Besonderes aufgefallen, aber es fehlen mir offenbar immer noch die Kriterien für korrekte und inkorrekte Kleidung. Ob mein Outfit wohl als passend oder unpassend angesehen wird? In dem Zusammenhang bekomme ich das nun schon oft gehörte Kompliment, dass ich für mein Alter außerordentlich jung aussähe, besonders im

Vergleich zur ehemaligen Schulleiterin, die jünger sei als ich. Das stimmt!

Dann kommt ein Anruf von Altynbek und ich erfahre, dass an der Schule No. 31 ein Fernsehteam erwartet wird, das einen Bericht über mich und meinen Unterricht machen will. Na toll! Das hätte ich schon gern eher gewusst. Zum Glück habe ich heute wenigstens meine Haarbürste dabei!

Ich dränge zum Aufbruch, denn unter Fernsehbedingungen muss ich die Nachmittagssitzung noch etwas spektakulärer gestalten. Die Deutschlehrerin begleitet mich zur Schule No. 31 (ihr Bruder ist der Fahrer). Auf dem Schulhof äußert sie sich verwundert über die Vielzahl der Mädchen, die einen Hidschab tragen. Das sei in Kurgantepa nicht üblich. Tatsächlich scheint zwischen den benachbarten Provinzstädten Kurgantepa und Karasuv eine kulturelle Grenze zu verlaufen, wobei Karasuv erkennbar traditioneller, konservativer, wenn nicht fundamentalistischer ist.

Ich bin zum Glück so rechtzeitig in der Schule, dass ich mir für meinen Unterricht einen flexiblen Plan zurechtlegen kann, in dem Phasen so verschoben und gegeneinander ausgetauscht werden können, dass ich ein Paradebeispiel kooperativen Lernens genau dann einsetzen kann, wenn das Fernsehteam eintrifft. Eine genaue Zeit für den Besuch der Reporter gibt es nämlich nicht. Aber das wäre wahrscheinlich auch bei einem deutschen Fernsehteam nicht anders.

Zwanzig Minuten vor Unterrichtsbeginn erklärt Altynbek, dass er jetzt zum Barbier gehe, weil seine Schulleiterin ihn nicht mit Drei-Tage-Bart im Fernsehen sehen möchte. Oder weil er selbst so attraktiv wie möglich überkommen will? Der hat Nerven!

Um 14 Uhr, dem offiziellen Unterrichtsbeginn, sind gerade mal zwei Teilnehmerinnen da. Hoffentlich kommen die anderen wenigstens noch vor den Fernsehleuten. Irgendwann ist der Raum dann sogar voller als üblich. Wahrscheinlich hat die Aussicht auf Medienpräsenz einige Kollegen angelockt, die sonst nur unregelmäßig teilnehmen. Da die meisten Anwesenden in der letzten Sitzung nicht da waren, kann ich also erst einmal ganz langsam mit Wiederholen beginnen. Dann nimmt die Stunde ihren Lauf, wobei ich immer wieder Elemente einbaue, die den „schönen" Teil hinauszögern. Ich füge zum Beispiel eine Phase ein, in der in Kleingruppen pro- und contra- Argumente zum Thema *protective school rules*" gesammelt werden sollen, die später für ein Essay verwendet werden können. Obwohl in der letzten Stunde über das Thema schon lebhaft diskutiert wurde und ich auch den Eindruck hatte, dass die Problematik erfasst wurde, tun sich einige immer noch schwer. Besonders Shoira, die contra-Argumente sammeln soll, fallen nur pro-Argumente ein. Von ihrer eigenen Meinung mal abzusehen, gelingt partout nicht. Und ich hatte gedacht, diese mittelstufengemäße Aufgabe sei für die Kolleginnen eine ganz leichte Übung.

Irgendwann ist auch die letzte Gruppe fertig und nun folgt das Clustern der Gruppenergebnisse an der Tafel. Dazu hätte ich nun gern die Medienleute hier, aber ich vermute schon, dass es sich mit dem Fernsehen genauso verhält wie mit dem Minister. Es bleibt bei der Ankündigung. Aber als wir gerade in einer lebhaften Diskussion über Inhalt und Struktur des entstehenden Clusters sind, kommen die Fernsehleute herein. Wir lassen uns nicht weiter stören, und tatsächlich läuft gerade die beste Unterrichtsphase. Ich freue mich, dass mir das gelungen ist und dass die Ergebnisse sich wirklich sehen lassen können. Ein Kameramann mit einer winzigen Kamera auf einem Stativ läuft zwischen uns umher und macht Aufnahmen. Als wir mit unserem Cluster fertig sind, breche ich erst einmal ab. Der jetzt folgende Schreibauftrag dürfte wenig interessante Bilder hergeben. Vielleicht nun einige Interviews?

Der Fernsehmann, der gebrochen Englisch spricht, erklärt mir aber, dass er jetzt gerne den *„teaching process"* aufnehmen möchte. Ich erkläre ihm, dass er diesen bereits hätte beobachten können und dass der *„teaching process"* jetzt gerade zu Ende sei. Das beeindruckt ihn aber gar nicht, er weist die Teilnehmer wie ein Regisseur an, sich auf ihre Plätze zu setzen und mich, mit dem Unterrichten zu beginnen. Die Teilnehmer folgen auch bereitwillig, nur ich bleibe etwas störrisch, indem ich erkläre, dass mein *„teaching process"* eben nicht durch Frontalunterricht gekennzeichnet sei. Aber er versteht mich nicht und ich kapituliere. Wir führen einfach die Diskussion aus der letzten Stunde nochmal und nach ein paar Minuten sind die Fernsehleute zufrieden und haben die Bilder, die sie sich vorgestellt haben. So entstehen also Fake News!

Dann folgen tatsächlich Interviews mit zwei Lehrkräften und mit mir. Die Fragen auf Usbekisch werden mir von den Teilnehmern übersetzt und sind relativ leicht zu beantworten, erinnern mich aber doch daran, dass ich kurz vor meiner Pensionierung noch zu einer Fortbildung zum Thema „Umgang mit der Presse" geschickt wurde und wir geübt haben, auf Journalistenfragen professionell zu antworten. Ich versuche also, kurz und knapp interessante Informationen zu vermitteln und dabei so sympathisch wie möglich überzukommen. Nach meinem Interview spricht eine Teilnehmerin ziemlich lange in ein Mikrofon ohne gefilmt zu werden. Was mag sie nur erzählen? Hinterher klärt sie mich darüber auf, dass sie meine Antworten synchronisieren sollte. Sie hat also aus dem Gedächtnis ungefähr wiedergegeben, was ich gesagt habe und dieser Ton wird dann meinem Beitrag unterlegt. So geht das also!

Dann werden auch noch zwei Schüler in den Raum geführt und ich bekomme die Aufgabe, mich vor laufender Kamera mit ihnen zu unterhalten. Da es die beiden besten aus dem Kurs sind, den ich schon unterrichten durfte, ist das für alle

Beteiligten kein Problem. Dass sie in unserem Gespräch meinen Unterricht in den höchsten Tönen loben, hatte ich nicht anders erwartet. Dann ist der Spuk vorbei.

Obwohl es erst vier Uhr ist, beende ich die heutige Sitzung. Jetzt noch eine Schreibaufgabe zu erledigen, macht wenig Sinn und ich bin auch ganz schön geschafft. Altynbek, der übrigens während des Pressebesuchs aus mir unerfindlichen Gründen nicht im Raum war, macht einen unzufriedenen Eindruck. Weil ich den Unterricht schließe oder weil er nicht ins Fernsehen kommt? Ich weiß es nicht. Seinen Versuch, den Teilnehmern das Essay als Hausaufgabe zu morgen aufzugeben, unterbinde ich und ernte dankbare Blicke, mache mich bei Altynbek aber sichtbar unbeliebt. So ein Essay schreibt sich nicht mal eben neben den hausfraulichen Tätigkeiten, die für die meisten jetzt auf dem Plan stehen!

Aus Nickeligkeit bitte ich Altynbek, noch eine halbe Stunde zu bleiben, um mir ein paar Informationen zu geben, die ich für meinen Abschlussbericht benötige. Nun erfahre ich, dass in jedem Unterricht streng nach Lehrwerken vorgegangen wird, die vom Schulministerium vorgeschrieben werden. Auch die Fragen für die mündlichen Prüfungen der Schüler werden von dieser Behörde vorgegeben und beziehen sich ausschließlich auf die Inhalte des eingeführten Schulbuchs. Für die Ausstattung der Schulen und die Kontrolle der Unterrichtsqualität sind die regionalen Behörden zuständig. Inspektoren und Schulleitung erscheinen von Zeit zu Zeit unangekündigt im Unterricht. Es gibt nationale und regionale Fachkonferenzen sowie obligatorische Fortbildungsveranstaltungen und kollegiale Hospitation. Außerdem ist auch der von oben bestimmte Fachvorsitzende von Bedeutung. Da das an der Schule No. 31 Altynbek ist, erklärt das auch sein manchmal autoritäres Verhalten den Kolleginnen gegenüber. Zur Ausstattung der Schule gehören zwei Computerräume für den IT-Unterricht, ansonsten aber weder Kopierer noch Computer noch Drucker zur Verwendung durch die Lehrkräfte. Wenn diese anderes

Material als das eingeführte Schulbuch verwenden wollen, was angeblich ganz gelegentlich der Fall ist, benutzen sie ihre privaten Geräte zum Vervielfältigen. WLAN gibt es auf der Verwaltungsebene. Für den Unterricht wird das Internet nicht benötigt.

Als ich andeute, man könne den Hakim ja bei nächster Gelegenheit nicht nur um Musikinstrumente, sondern auch um eine bessere technische Ausstattung für den Unterricht bitten, reagiert Altynbek ausgesprochen begeistert. Welch gute Idee! Das wolle er tun! Vielleicht ist es aber auch gar nicht gewollt, dass man neben dem Schulbuch anderes in den Unterricht einbringt, denke ich.

Zurück an meiner Unterkunft muss ich mich mit meinen vollen Taschen an einem Lieferwagen vorbeiquetschen, der den Zugang versperrt. Dabei zerreiße ich mir meine schöne neue Bluse. Shit!

Um nicht wieder Plov essen zu müssen, gehe ich heute Abend in die Kantine. Und was gibt es dort? Linsensuppe und Plov!

Milchshake und Essay-Writing

Heute holt mich Medet, der Russischlehrer, ab. Während ich am Tor auf ihn warte, beobachte ich die Arbeiterinnen auf dem Feld, die mit Hacken mühsam die Erde an jeder einzelnen Baumwollpflanze lockern. Auf der gegenüberliegenden Straßenseite ist außerdem eine Kolonne von Straßenfegerinnen am Werk, die unter der Aufsicht eines untätigen Aufsehers mit Reisigbesen den Staub von der Straße kehren oder, besser gesagt, aufwirbeln, denn der Wind trägt den trockenen Sand sofort wieder dahin, woher er gekommen ist. Gibt es ein besseres Beispiel für Sisyphusarbeit? Während ich noch überlege, wie ich die Truppe unbemerkt fotografieren kann, werden die Straßenkehrerinnen ihrerseits auf mich aufmerksam. Schließlich kommt eine direkt auf mich zu, zieht ein Handy aus der Tasche und schon ist das Selfie im Kasten. Vom Erfolg ihrer Kollegin ermutigt, kommen nun auch alle anderen, begrüßen mich überschwänglich, und der Vorarbeiter macht weitere Fotos von mir und der ganzen Truppe. Dann schnappen sie sich wieder ihre Besen und kehren munter weiter.

In der Schule ist alles bereit für Altynbeks Vorführstunde. Die Schüler sitzen in „meinem" Klassenraum, wobei „meine" Sitzordnung in U-Form beibehalten wurde. Als der Unterricht beginnt, schließt Altynbek die Tür von innen ab. Das ständige Auf und Zu der Tür stört ihn also auch. Wie von mir empfohlen, beginnt Altynbek damit, das Thema der Stunde zu nennen und eine Art Ausblick zu geben. Er ist sichtbar bemüht, die von mir verwandten und besprochenen Methoden zu zeigen, macht dabei aber so ziemlich alles falsch. Dass Methoden nur so gut sind wie das Ziel, das man damit verfolgt, ist ihm jedenfalls nicht bewusst. Ein Brainstorming zum Thema Modalverben? Dazu würde mir auch spontan nichts einfallen. Unerwartete, aber durchaus intelligente Antworten, die nicht in das vorgeplante Bild passen, werden geflissentlich ignoriert. Dann folgen verschiedene Übungen mit unzusammenhängenden Beispielsätzen, die Altynbek aus dem Internet gezogen und vervielfältigt hat. Diese Übungen in Partnerarbeit machen zu lassen entbehrt jeglichen Sinns. Von Progression keine Spur. Die Hörverstehensübung ist eher ein Lückendiktat und hat mit dem Thema gar nichts zu tun. Als dann noch Zeit übrig ist, denkt sich Altynbek spontan ein Rollenspiel aus, bei dem Modalverben zum Einsatz kommen sollen. Endlich eine Phase, die mit dem Thema der Stunde *„Modals for life"* tatsächlich etwas zu tun hat und ausreichend komplex ist. Leider vergessen die Schüler bei ihren Dialogen Modalverben zu benutzen, was aber weder vom Lehrer noch von den Mitschülern kommentiert wird. Positiv ist die lockere Unterrichtsatmosphäre. Die Schüler beteiligen sich für meinen Geschmack fast zu lebhaft und rufen ihre Ergebnisse meist ungeordnet in den Raum. Nur einmal erinnert Altynbek kurz an die notwendige Disziplin bei Wortmeldungen, worauf die Schüler brav vom Platz aufstehen, wenn sie aufgerufen werden. Das halten Schüler und Lehrer aber nur wenige Minuten durch, was ich ganz sympathisch finde.

Zum Schluss fragen mich die Schüler, wie ich die Stunde fand. Es liegt mir schon auf der Zunge zu sagen, dass ich das lieber mit ihrem Lehrer besprechen möchte, aber dann besinne ich mich und lobe die Schüler für ihre eifrige Mitarbeit. Nach der Stunde möchte sich eine Schülerin unbedingt noch mit mir unterhalten. Ihr gutes Englisch war mir schon während des Unterrichts aufgefallen, aber auch ein Verhalten, das man in Deutschland als extremes Strebertum bezeichnen würde. Sie fragt mich, warum ich in dieser Stunde so traurig gewesen sei. Offenbar hatte ich meine kritische Schulaufsichtsmine gezeigt und fühle mich jetzt ertappt. Ich versichere natürlich, dass ich keineswegs traurig gewesen sei, sondern nur konzentriert zugeschaut hätte. Dann unterhalten wir uns über die üblichen Belanglosigkeiten. Später erfahre ich von Altynbek, dass die Schülerin nur an drei Tagen pro Woche die öffentliche Schule besucht und ansonsten Privatunterricht bekommt. Das sei eigentlich ein Verstoß gegen die auch in Usbekistan geltende Schulpflicht, aber die Schulleiterin drücke manchmal ein Auge zu, wenn Eltern besondere Wünsche hätten. In Usbekistan soll Korruption immer noch an der Tagesordnung sein, fällt mir dazu ein.

Für die Stundennachbesprechung ist nur ganz wenig Zeit, und so lobe ich die spontane Idee des Rollenspiels und gebe den Rat, Partnerarbeit dann einzusetzen, wenn es tatsächlich etwas zu besprechen gibt und nicht nur Lücken auszufüllen sind. Altynbek sieht etwas mitgenommen aus.

Zum Mittagessen sind wir bei Nadira eingeladen. Ihr Mann führt ganz in der Nähe der Schule einen Schnellimbiss und sie in der ersten Etage eine Sprachschule. Nach ihrem Unterricht in der öffentlichen Schule beginnt für sie dort das eigentliche Geldverdienen. Als wir eintreffen, begrüßen mich Kinder mit mehreren Sträußen künstlicher Rosen. Dann stellen sie sich einzeln vor und haben auch Fragen an mich. Wie schon an Schule No. 31, Schule No. 49 und Schule No. 55. Inzwischen ist mir das Prozedere geläufig.

Zu Essen gibt es eine Art usbekische Frühlingsrolle mit Lammfleisch. Sehr lecker! Natürlich sind wie immer Brot, Süßigkeiten und Obst aufgetischt. Zu Trinken gibt es Tee und einen leckeren und dekorativ aussehenden Bananen-Milchshake. Ich erfahre, dass Nadira und ihr Mann sieben Jahre in Dubai gelebt haben, wo ihr Mann in der Gastronomie gearbeitet hat und das Erlernte nun in Karasuv anwendet. Die Bezahlung in Dubai sei zunehmend schlechter geworden und die sommerliche Hitze habe ihnen zu sehr zugesetzt. Das Ehepaar ist Mitte vierzig und der älteste Sohn 22 Jahre alt. Altynbek fragt, ob es nicht an der Zeit sei, ihn zu verheiraten.

Draußen kann ich beobachten, wie sich Schülerinnen und Schüler nach der Schule hier zum Eisessen einfinden. Vor der Gaststube stehen Holztische und Bänke unter schattigen Bäumen. Ein schönes Bild!

Nach dem Essen zeigt Nadira stolz ihre Sprachschule über dem Restaurant. Hier sitzen etwas 20 Schülerinnen und Schüler unterschiedlichen Alters brav hintereinander in Zweierreihen. Die Kinder demonstrieren ihr Können. Ein ganz kleiner Junge sagt die Wochentage auf Englisch auf. Wie schafft Nadira das nur, einen so zusammengewürfelten Haufen zu unterrichten? Zumal ihre eignen Kompetenzen laut meinem Testergebnis auf dem Niveau B1, also dem eines Zehntklässlers, liegen. Die zwei Unterrichtsräume sind modern eingerichtet einschließlich Klimaanlage. Auch ein gemütlicher Raum für eine Nachmittagsbetreuung ist vorhanden. Warum nur steht die Toilette dazu in einem geradezu grotesken Kontrast?

Als ich zu unserer nachmittäglichen Sitzung in den Klassenraum komme, sitzen dort zwei unbekannte Frauen, die mitmachen wollen. Sie hätten gerade erst von diesem Kurs erfahren. Was macht man mit Neulingen, die in der letzten Stunde einer längeren Unterrichtsreihe dazu kommen? Ich drucke ihnen also eilig die Materialien aus, auf denen die heutige Sitzung basiert. Aber anstatt sie zu lesen, fangen sie an zu telefonieren. Dann kommen immer mehr Menschen, bekannte und unbekannte. Am Ende müssen Stühle herangeschafft werden und ich verbringe die erste Viertelstunde damit herauszufinden, wer noch welches Handout benötigt. Kaum einer war in jeder Stunde anwesend. Als wir starten wollen, bekomme ich erst einmal Verpflegung überreicht: selbstgebackenen Apfelkuchen und ein Gebäck, das mich an Pfeffernüsse erinnert. Dann beginnen wir mit einer Wiederholung. Ich verteile auf einem Handout die Ergebnisse der letzten Sitzung, schön übersichtlich zusammengestellt, damit die Struktur des heute zu schreibenden Essays schon vorgegeben ist und die Argumente eigentlich nur abzuschreiben sind. Dazu ein Blatt mit Kriterien für gelungene Essays und den Beispielaufsatz, den wir in einer der letzten Sitzungen ausführlich besprochen hatten. Nun hoffe ich, dass die Grundlage für die heute anstehende Schreibaufgabe doppelt und dreifach gelegt ist. Dass die meisten kein Papier dabei haben, auf das sie schreiben könnten, hatte ich nicht bedacht. Schnell sind aus dem Drucker die notwendigen Blätter geholt und es geht los. Was ich dann sehe, macht mich fassungslos. Eine Einleitung zu schreiben, in der es nur darum geht, das Problem aufzuzeigen, fällt unglaublich schwer. Welches Problem? Probleme scheint es in diesem Land nicht zu geben und Argumente auch nicht. Die Dinge sind halt wie sie sind. Der Versuch einer *peer correction* unter denen, die leistungsstärker sind und auch schnell arbeiten, führt immerhin dazu, dass ich auf Malikas gelungen Text aufmerksam gemacht werde. Ich fotografiere ihn ab, um daran exemplarisch zu zeigen, was mit einer *introduction* gemeint ist. Leider stelle ich fest, dass ich mein iPhone-Kabel vergessen habe, so dass ich den Text kurzerhand abtippe, dabei gleich sprachliche Fehler korrigiere und dann diese Version an die Leinwand projiziere. Viele zücken ihre Handys und fotografieren den Text ab. Nun geht es an den Hauptteil und ich erläutere nochmal, dass hier immer noch nicht die eigene Meinung gefragt ist. Nadira erbarmt sich und übersetzt meinen Vortrag auf Usbekisch. Hoffentlich richtig. Gegen vier Uhr sind alle mehr oder weniger mit den Essays fertig, für die Präsentation habe ich aber keine gute Idee mehr. Einen Text vorlesen zu lassen, in dem kein Satz richtig ist, scheint mir nicht sinnvoll. Abschreiben und korrigieren ist auch viel zu aufwändig. Also sammele ich ein paar Werke ein, die mir freiwillig überlassen werden, und kündige an, daraus ein gelungenes Beispiel für die nächste Sitzung auszuwählen. Sechs Texte nehme ich mit nach Hause. Die anderen wissen offenbar, dass ihr Essay nicht als Modell taugt.

Zum Schluss frage ich noch nach Wünschen für die letzten vier Sitzungen. Alle sind sich einig, dass sie vor allem noch mehr *speaking practice* benötigen. Dass sie jede Art von *practice* benötigen, sage ich natürlich nicht. Malika wünscht sich interessanterweise eine Debatte. In einer Gruppe, in der die wenigsten ein Pro- und ein Contra-Argument auseinanderhalten können? Ich zeige nicht, wie skeptisch ich bin. Auch Methodenschulung wird genannt und einige formulieren Fragen dazu. Wie gestaltet man interessanten Unterricht? Welche Rolle spielen Schulbuch und Internet? Wie können Lehrkräfte ihre Sprachkompetenzen erweitern? Ich bin etwas irritiert, denn das alles hatte ich ja schon versucht zu demonstrieren. Da scheint ja nicht viel angekommen zu sein. Ich werde zu Hause mal in Ruhe darüber nachdenken!

Als ich gerade ins Taxi steigen will (wieder der nette Fahrer), kommt die Schulleiterin, umarmt mich herzlich und lädt mich zum morgigen Festival anlässlich des 50jährigen Bestehens von Xonobod ein. Es werde eine offizielle Zeremonie mit anschließender Musik geben. Ich solle bitte meine usbekische Kleidung mitbringen! Woher weiß sie, dass ich an einer anderen Schule so etwas bekommen habe? Und was wird aus meinem morgigen Unterricht? Das wird sich finden.

Abends ruft Altynbek an. Von der Einladung nach Xonobod weiß er nichts. *„We'll make the lesson shorter"* fällt ihm zu meiner Frage ein, ob wohl Unterricht stattfinden wird oder nicht. Außerdem informiert er mich, dass ich vormittags an Schule No. 35 erwartet werde. Es ist die Nachbarschule in Karasuv, an der Nadira und einige andere Kolleginnen aus meiner Klasse unterrichten. Na gut!

Nun stehen noch die Unterrichtsvorbereitungen für morgen an. Ich stelle mich also auf eine kurze, eine lange oder gar keine Sitzung ein, lese die sechs Essays und suche zwei einigermaßen sinnvoll strukturierte und sprachlich verständliche heraus. Die tippe ich dann in leicht überarbeiteter Fassung ab und formuliere dazu eine Feedback-Aufgabe. Außerdem mache ich einen Grammatikzettel zu den häufigsten Fehlerquellen. Das dürfte für eine *„short lesson"* reichen, außerdem ist ja noch die *conclusion* zu formulieren, falls dafür Zeit bleibt.

Viele Leute und viel Plov

Samstag, 07.05.2022

Heute stehe ich etwas ratlos vor dem Kleiderschrank. Ich brauche etwas für die offizielle Zeremonie am Nachmittag. Es muss etwas sein, das zu meinem usbekischen Gewand passt, also die dünne helle Hose oder das lange schwarze Baumwollkleid. Letzteres sollte ich aber bei dem offiziellen Anlass nicht ohne Strumpfhose anziehen. Die habe ich aber vergessen durchzuwaschen (und ich habe leider nur die eine dabei). Was kann ich denn zur hellen Hose anziehen? Die weiße Bluse sieht zu meinem usbekischen Gewand doof aus. Das schwarze T-shirt ist nicht festlich genug. Also doch das schwarze Kleid und die nicht mehr ganz frische Strumpfhose. Darüber eine leichte Jacke, die ich in die Tasche stopfen kann, wenn ich sie gegen meinen usbekischen Dress austausche. Und heute sollen es 28 Grad werden!

Um 9.30 Uhr bekomme ich den Anruf, dass ich abgeholt werde. Während ich vor dem Tor stehe, fährt eine schwarze Limousine mit getönten Scheiben vor und hält einige Meter von mir entfernt an. Da ich nicht erkennen kann, wer darin sitzt und auch niemand aussteigt, beachte ich das Auto nicht weiter. Erst als Nadira und ihr Mann erscheinen, um mich abzuholen, steigt der Hakim aus, um mich für heute Nachmittag um 16.00 Uhr zum Plov-Festival in Kurgantepa einzuladen. Wahrscheinlich hat er darauf gewartet, dass jemand übersetzen kann. Ich bedanke mich, sage aber nichts von der anderen Einladung für heute Nachmittag. Wahrscheinlich geht der Hakim vor.

Die Fahrt im Auto ist sehr schön. Nach dem gestrigen Gewitter ist die Luft klar und die Sicht fantastisch. Zum ersten Mal sehe ich die schneebedeckten Berge im gar nicht so fernen Kirgisistan in voller Pracht. Meist waren sie im Dunst gar nicht zu erkennen.

Inzwischen ist die Begrüßung an einer Schule schon Routine. Der Leiter der Schule No. 35 steht am Tor, empfängt mich aber vergleichsweise lustlos. Dann bringen mir Schüler Blumen, und ein Lehrer stellt riesige Lautsprecherboxen auf. Nun beginnt die Show mit der usbekischen Nationalhymne. Diese Variante kenne ich noch nicht. Zwar hat man mir gerade erst bedeutet, dass ich mich auf den Ehrenplatz setzen soll, aber zur Hymne stehe ich gleich wieder auf. Muss ich auch, wie alle anderen, die Hand aufs Herz legen?

Dann führen Kinder verschiedene usbekische Tänze vor (ein Mädchen tanzt richtig gut!). Wie schon an Schule No. 49 muss ich auch hier zum Schluss mittanzen. Dann geht es vorbei an Schülern, die Schilder mit *„Welcome to our school"* hochhalten in einen großen Klassenraum - offenbar der Chemieraum - , wo die Kinder in den üblichen Zweierreihen hintereinander sitzen. Dass es ein Chemieraum ist, erkennt man an der Wandbemalung. Experimente scheinen woanders durchgeführt zu werden. Oder gar nicht?

Wieder beginnt das übliche Fragespiel. Aber diesmal fragt mich ein Schüler: *„What are your future plans?"*, eine Frage, die sonst eher zu meinem Fragenrepertoire gehörte. Da komme ich ins Stocken. *„Future plans"* hat man mit 69 ja leider kaum noch, und das sage ich auch.

Nach dieser Veranstaltung bekomme ich noch im Chemieraum Obstsalat, diverse Gebäcksorten und Saft vorgesetzt. Da ich weder hungrig noch durstig bin, beschränke ich mich darauf, ein Schälchen Obstsalat mit geschmolzener *icecream* zu essen, was mir als selbstgemachte Spezialität angepriesen wird. Inzwischen fürchte ich mich auch nicht mehr so sehr vor ungewohnten Bakterien. Bislang ist alles gut gegangen. Als alle Schüler schon weg sind, bekomme ich noch eine Tasche und ein weiteres usbekisches Gewand überreicht, aber ohne viel Brimborium. Diese Schule kommt insgesamt deutlicher bescheidener daher als die vorherigen. Oder bin ich inzwischen schon verwöhnt?

Zum Unterricht am Nachmittag scheinen die Kolleginnen keine Lust zu haben, sagen aber, dass sie selbstverständlich kommen würden, wenn ich das wünschte. Aber ich müsse ja zum Plov-Festival und einige von ihnen wollten auch hingehen. Ich habe nichts dagegen, dass die heutige Sitzung ausfällt und kann eine Pause gut gebrauchen, bevor das Nachmittagsprogamm um vier Uhr startet.

Obwohl es erst elf Uhr ist, lädt die Schule No. 35 in das mir inzwischen gut bekannte Restaurant „Kamron" in Karasuv ein, das heute voll besetzt ist. Jetzt nach Ende des Ramadan treffen sich hier um diese Uhrzeit offenbar besonders Damengruppen zum Essen und Reden und nehmen viel Platz ein. Für uns sechs (Schulleiter, vier Kolleginnen und ich) ist kein passender Tisch mehr frei, aber kurzum wird eine größere Umräumaktion gestartet. Schwere Sitzmöbel und Tische werden zusammenschoben, sodass am Ende alle Platz finden. Ich bestelle auf Empfehlung der Kolleginnen Fleisch mit Kartoffeln und bekomme dieses Mal kleinere Stück, die so weich sind, dass man sie tatsächlich mit der Gabel zerteilen kann.

Interessant wird unser Gespräch, als Gulnara (Mitte 40) sagt, dass sie zum ersten Mal in ihrem Leben ein Restaurant betrete und entsprechend aufgeregt sei. Ihre Religion lasse es eigentlich nicht zu, dass Frauen sich zu einem solchen Zweck außer Haus begeben. Ich weise erstaunt auf die vielen weiblichen Tischgesellschaften, die das offenbar anders sehen. Deren Verhalten wird aber nicht gebilligt. Sie seien nur zu faul, Gäste im eigenen Haus zu empfangen. Auch Nadira, deren Mann ja selbst ein Restaurant führt, sagt, dass sie Gäste – ob Familie oder Freunde – immer zu Hause empfange. Das könne man von einer Hausfrau auch erwarten. Und das sagt eine Frau mit zwei Vollzeitjobs! So kommen wir auf das Thema der Rolle der Frau und ich bekomme nun lebhaft geschildert, wie es ist, mit einem völlig fremden Mann verheiratet zu werden und den Launen der Schwiegermutter ausgesetzt zu sein. Ausnahmslos alle leben in arrangierten Ehen und kannten ihre Ehemänner vor der Hochzeit kaum bis gar nicht. Nur Gulnara kannte ihren Mann schon lange. Ein Nachbarsjunge hatte sich in sie verliebt und seinen Eltern damit gedroht, sich umzubringen, wenn er die Frau seines Lebens nicht heiraten dürfe. Davon, dass die Zuneigung auf Gegenseitigkeit beruhte, sagt Gulnara allerdings nichts. Schließlich gaben die Eltern ihre Zustimmung und mit gut 20 Jahren wurde geheiratet, was für Gulnara allerdings bedeutete, dass sie nach zwei Semestern ihr Studium abbrechen musste, weil ihr Mann das so wollte und sie schwanger wurde. Dass letzteres erst vier Monate nach der Hochzeit geschah, hatte die Schwiegermutter schon nervös gemacht, sodass Gulnara zum Arzt geschickt wurde, um sich auf Gebährfähigkeit untersuchen zu lassen. Noch schlimmer erging es Albina, der es kaum vergönnt war, ihren Ehemann kennenzulernen, da dieser die meiste Zeit im Ausland war. Mit einer Schwangerschaft klappte es deshalb auch zunächst nicht. Als sich schließlich nach fünf Ehejahren doch Nachwuchs einstellte, hatte die Schwiegermutter schon auf Scheidung gedrängt.

Dass Ehen mit ungeliebten Partnern oft Probleme bereiten, geben alle zu, aber es werde allgemein erwartet, dass nach außen die glückliche Familie dargestellt werde, und all das sei eben Schicksal. So viel Ehrlichkeit mir gegenüber empfinde ich als großen Vertrauensbeweis und bin gerührt. Nadira sagt, dass sie bei alldem noch gut dran sei, weil ihr Mann ihr das Arbeiten erlaube, sie ausreichend eigenes Geld habe und ihr Mann sie auch ansonsten rücksichtsvoll behandle, indem er zum Beispiel Obst und Gemüse einkaufe und die schweren Taschen mit dem Auto nach Hause fahre. Dass das eigentlich eine Selbstverständlichkeit sein müsste, kommt ihr nicht in den Sinn. Schon gar nicht, dass sie selbst auch Auto fahren lernen könnte. Andere berichten von Männern, die viel restriktiver seinen und ihren Frauen aus Eifersucht gar nichts erlauben würden. Manche würden auch ihren Töchtern keine höhere Bildung ermöglichen. Von einer solchen Haltung distanzieren sich aber alle. Sie sind sich einig, dass sie ihren

Töchtern die bestmögliche Bildung zukommen lassen wollen. Ich erlaube mir, vorsichtig die „westliche" Sicht auf partnerschaftliche Beziehungen darzustellen und als Reaktion formuliert Nadira tatsächlich einen Satz mit *„on the one hand... on the other hand"*. Über die Anwendung dieser *„discussion phrase"* bin ich geradezu begeistert, und das nicht nur in sprachlicher Hinsicht. Erkenne ich da eine Spur von dialektischem Denken?

Auf dem Weg vom Restaurant zur Schule verbrenne ich mir auf dem glühend heißen Autositz, der die ganze Zeit von der Sonne beschienen wurde, durch den Baumwollstoff meines Kleides fast den Popo. Ich muss mich auf meine Hände setzen, um nicht tatsächlich zu Schaden zu kommen.

Altynbek, den wir an der Schule treffen, scheint nicht begeistert, dass die nachmittägliche Sitzung ausfällt. Wahrscheinlich fragt er sich, was er mit mir zwischen 13 und 16 Uhr machen soll. Zum Glück stellt sich heraus, dass die Einladung der Schulleiterin und die des Hakim identisch sind. Es geht zum Plov-Festival nach Karasuv und nicht zum Stadtjubiläum nach Xonobod. Ich weiß nicht, ob das Missverständnis an mir oder an einer falschen Übersetzung lag, aber ich bin froh, dass es keine Kollision gibt.

Ich schlage vor, dass ich in der Schule meine Materialien für die morgige Sitzung ausdrucke und dann kurz mit dem Taxi nach Hause fahre. Schließlich möchte ich nicht mit meinem schweren Laptop und einer Tüte voller Geschenke und mit den inzwischen schon nicht mehr frischen Blumen, die ich seit meinem Besuch in der Schule No. 35 mit mir herumtrage, zum Festival gehen. Altynbek ist einverstanden und geht, während ich meine Unterrichtsvorbereitungen treffe, zum Mittagessen. Da er keine Vase für meine Blumen auftreiben kann, leere ich kurzerhand eine halbe Mineralwasserflasche in den Papierkorb und stelle meine Blumen hinein. Außer dem unsäglichen Rohr an der Toilette habe ich hier nämlich noch kein Waschbecken gesehen.

Als Altynbek zurückkommt, bin ich mit dem Drucken fertig, und er ruft ein Taxi. Mit Sack und Pack wollen wir uns gerade auf den Weg machen, als ihm einfällt, die Schulleiterin noch etwas fragen zu wollen. Die ist aber nicht zu sprechen, weil gerade die Schulaufsicht im Haus ist und die Verwaltung prüft. Wir bekommen die Anweisung zu warten. Das tun wir auch ziemlich lange. Ich frage mich, was dagegen spricht, dass ich ins Taxi steige, Schulaufsicht hin oder her. Während wir warten, zeigt mir Altynbek Live-Aufnahmen des lokalen Fernsehens vom Festplatz. In einem mannshohen Kazan mit dem Durchmesser eines Gartenpools wird gerade Öl erhitzt und mindestens zehn Köche stehen bereit, große Schalen mit Zwiebeln hineinzuwerfen. Es sollen insgesamt fünf Tonnen Plov zubereitet werden! Schließlich kommt ein Kollege, sagt, dass der Schulaufsichtsbeamte weg sei, und wir jetzt fahren könnten. Worauf bitte haben wir gewartet? Auf dem Schulhof sitzt dann Raushan, die Schulleiterin, lustig in der Sonne, freut sich über unser Kommen, möchte unbedingt mit mir unter einem blühenden Rosenbusch fotografiert werden und schickt die Sekretärin los, mir ein usbekisches Halstuch zu holen. Das drapiert sie mir kunstvoll um den Kopf, damit ich in der Hitze auf dem Festplatz keinen Sonnenstich bekäme.

Dann geht es endlich los. Vor der Schule steht kein Taxi, sondern Medet, der auch die ganze Zeit warten musste. Auch sein Auto ist gut aufgeheizt, sodass ich in meinem schwarzen Kleid nebst Jacke und Strumpfhose schon auf der Fahrt fast einen Hitzschlag bekomme. An meiner Wohnanlage ange-kommen, freue ich mich darauf, mich duschen und umziehen zu können, aber Altynbek drängt darauf, dass ich nur schnell meine Sachen abstelle und dann zurückkomme. Ich bin noch keine fünf Minuten im Haus, da ruft er schon an und fragt, ob ich fertig sei. Was ist das denn jetzt plötzlich für eine Eile? Ich ziehe mich trotzdem um. Die Strumpfhose kommt weg, egal was die Leute denken und auch das dicke schwarze Kleid wird durch das luftige blaue ersetzt. Das sieht zwar jetzt nicht mehr so festlich aus, aber quälen werde ich mich nicht. Die leichte Jacke nehme ich trotzdem mit und auch das usbekische Gewand. Ich habe ja keine Vorstellung, was mich erwartet.

Kurz vor dem Festplatz steigen wir aus. Hier ist kein Durchkommen mehr. Die Polizei versucht, den Strom von Menschen irgendwie zu kanalisieren, aber es dauert eine Weile, bis wir am Tor des Geländes ankommen, wo erst einmal die Taschen kontrolliert werden. Auf dem Festplatz selbst ist das Gedränge auch groß. Zunächst durchqueren wir einen Bereich mit Spielen und Attraktionen für Kinder, dann gelangen wir auf eine Wiese, wo unter schattigen Bäumen viele Taptschane aufgebaut sind, die von verschiedenen Gruppen in Beschlag genommen wurden. Die Tische sind fein gedeckt mit gutem Porzellan, Schalen aus Gold und Bleikristall und mit jeder Menge Essen bepackt. Wir gehen aber erst einmal weiter, und ich kann den riesigen Kazan sehen, der den Köchen bis zur Brust reicht und in dem nun offenbar alle Zutaten für die angekündigten fünf Tonnen Plov vor sich hin köcheln. Mit gebührendem Abstand schauen zahlreiche Menschen zu. Es heißt, das Plov sei in ca. 30 Minuten fertig.

Weiter hinten befindet sich ein Sportplatz, wo eine Bühne für ein Konzert aufgebaut ist. Die Tribünen rechts und links sind bereits gut gefüllt, obwohl alle Plätze in der Sonne liegen. Wir gehen lieber zurück zu der Wiese mit den schönen Bäumen.

An den Picknickplätzen werden wir bald von völlig fremden Menschen aufgefordert, Platz zu nehmen. Am ersten Taptschan bekomme ich Erdbeeren und warme Cola. Andere Besucher kommen hinzu, um mich zu begrüßen. Dann werde ich mehr oder weniger von Tisch zu Tisch gereicht und überall werden Unmengen Fotos gemacht. Die scheinen um vieles wichtiger zu sein als jede Unterhaltung mit mir, die auch oft genug an der Sprachbarriere kläglich scheitert. Der arme Altynbek versucht trotzdem zu übersetzen, so gut es geht.

An einem Tisch sitzt auch Altynbeks Mutter mit ihren Kolleginnen, alle in gleichen Blusen aus Ikat-Stoff gekleidet. Heute trägt sie keinerlei Kopfbedeckung und sieht gleich viel jünger aus als neulich Abend.

An einem anderen Tisch treffe ich auf Veteranen der Sowjetarmee, die in Leipzig und an der innerdeutschen Grenze stationiert waren. Einer sagt, er freue sich, dass ich trotz der Ereignisse des Krieges nach Usbekistan gereist sei und meint den zweiten Weltkrieg, nicht den jetzigen Krieg in der Ukraine! Ich habe nicht den Eindruck, dass Altynbek sich die Mühe macht, meine um Diplomatie bemühte Antwort zu übersetzen.

Ein anderer älterer Herr reicht mir galant den Arm, um mich an seinen Tisch zu führen, nur um dort festzustellen, dass bereits alles aufgegessen wurde. Das ist ihm peinlich und es werden schnell noch ein paar Nüsse und Rosinen organisiert.

Auch der Hakim, seine elegante Assistentin und der Bürgermeister von Karasuv erscheinen, und natürlich wird irgendwann auch wieder zwischen den Tischen getanzt. Plov gibt es in Mengen. Manche essen ihn aus Pappschalen, aber die meisten haben große Schüsseln mitgebracht, in denen gleich eine Portion für die ganze Tischgesellschaft geholt wird. Diesmal beinhaltet das Gericht außer den üblichen Zutaten - darunter viel Fleisch - auch Rosinen, was das Ganze etwas süßlich schmecken lässt. Auch eine leckere Variante, aber sehr fett. Da auch hier vermutlich Baumwollöl verwendet wurde, das für europäische Mägen schwer verträglich sein soll, halte ich mich beim Plov etwas zurück.

Als ich auf eine Gruppe von Damen aufmerksam werde, die hübsche Kleider mit einheitlichem Muster, aber unterschiedlichen Schnittformen tragen, sage ich zu Altynbek, dass ich mir vorstellen könne, mir aus den Stoff, den er mir geschenkt hat, auch ein Kleid schneidern zu lassen. Daraufhin führt er mich gleich zu den Damen, damit ich mich von ihnen beraten lassen kann. Es stellt sich heraus, dass sie alle Khantex- Angestellte sind. Ihre Chefin erkenne ich an ihren auffällig botoxgespritzten Lippen wieder. Sie wohnt in derselben Anlage wie ich. Schnell ruft sie ihre Tochter herbei, damit diese mit mir englische Konversation betreiben kann. So erfahre ich, dass die Familie in der autonomen Provinz Karakalpakstan zu Hause ist, wo sie miteinander karakalpakisch oder russisch sprächen. Usbekisch könne sie aber auch und eben ein bisschen Englisch. Eine Freundin, die hinzukommt, fällt durch sportliche westliche Kleidung auf und spricht auffallend gut Englisch. Sie stellt mir ihre Mutter und ihre Großmutter vor. Die Mutter ist sehr züchtig islamisch verhüllt und die Großmutter ist die elegante Schöne! Was für Unterschiede innerhalb einer Familie!

Ich bin sehr froh, dass ich mein luftigstes Kleid angezogen habe, denn es ist selbst unter den Bäumen fast unerträglich heiß. Die Jacke brauche ich wirklich nicht und ich verzichte auch darauf, mein usbekisches Gewand überzuwerfen, obwohl das hier sicher gut ankommen würde. Außer mir gibt es durchaus noch andere Frauen in kurzen Ärmeln, allerdings sind sie deutlich in der Minderheit. Wie die Frauen es aushalten, die voll verschleiert und mit Leggings unter ihren Röcken in der Sonne sitzen, ist mir im wahrsten Sinne des Wortes schleierhaft.

Während wir es uns an den Tischen gut gehen lassen, strömen immer mehr Menschen auf das Gelände. Inzwischen ist Musik zu hören, aber wir haben keine Chance, zum Stadion vorzudringen, ohne das Risiko einzugehen zerquetscht zu werden. Einige Jugendliche versuchen einen Weg über einen hohen Zaun mit zugespitzen Zaunpfählen zu finden. Ich kann gar nicht hinsehen, wie sie Gefahr laufen, sich aufzuspießen.

Eigentlich bin ich jetzt müde und hätte nichts dagegen nach Hause zu fahren, aber wir warten noch auf den Gouverneur aus Andijan. Außerdem müssten wir einen Weg durch die

Menge zum Ausgang finden, was auch keine schöne Vorstellung ist.

Altynbek versucht noch, Kontakt zu seiner Frau aufzunehmen, die sich telefonisch gemeldet hat und auch irgendwo auf dem Gelände ist. Altynbek scheint darüber gar nicht glücklich zu sein. *"I told her not to come"*, verrät er mir, und ich beglückwünsche seine Frau heimlich dafür, dass sie sich an diese Anweisung nicht gehalten hat. Am Tisch der Schulleiter treffen wir sie schließlich mitsamt dem kleinen Murat. Auch hier geht es recht lustig zu. Raushan füttert mich mit Vanillekipferln, die Schulleiterin der Schule No. 55 fächelt mir mit einem Fächer Luft zu, die Schulleiterin der Schule No. 49 sagt ein deutsches Gedicht auf, und ich habe keine Hemmungen mehr, mit meinen paar Brocken Russisch allen zu sagen, wie toll ich ihre Schulen finde.

Dann ist es aber doch Zeit zu gehen. Vielleicht kommt der Gouverneur ja genauso wenig hierher wie er zum Fest in Karasuv gekommen ist. Auf dem Weg nach draußen treffen wir allerdings noch auf ein Reporterteam, das mich vor laufender Kamera interviewt und ankündigt, auch noch Aufnahmen an der Schule machen zu wollen. Offenbar ein anderes als neulich. Dann führt mich Altynbek durch eine unscheinbare Tür, die von einem Polizisten bewacht wird, und wir stehen auf der Bühne eines Kulturzentrums, in dem es angenehm kühl ist. Auf den Stühlen im dunklen Parkett haben es sich weitere Sicherheitskräfte gemütlich gemacht. Einer schläft. Durch das Foyer gelangen wir auf einen Platz mit Springbrunnen und von dort durch ein Tor auf die Straße. Immer noch strömen uns tausende von Menschen entgegen. Wo sollen die nur Platz finden? Einige sind aber auch wie wir auf dem Rückweg. Und woher bekommen wir jetzt ein Taxi? Als wir an der Hauptstraße ankommen, halten dort Autos an, die weitere Menschen ausspucken. Mit dem Fahrer eines solchen Wagens wechselt Altynbek ein paar Worte, dann steigen wir ein. Hier ist jedes Auto offenbar ein potentielles Taxi. Unterwegs schärft mir Altynbek ein, nicht das Feuerwerk um 20 Uhr zu verpassen, das ich von der Straße vor meiner Anlage aus würde sehen können. Ich solle doch die Wachleute bitten, mich für eine Viertelstunde hinauszulassen. Bin ich in einem Gefängnis oder was?

Nachdem ich geduscht und mich etwas erholt habe, gehe ich um 20 Uhr tatsächlich zur Straße. Auf der sonst ruhigen Landstraße ist jetzt lebhafter Verkehr. Offenbar alles Rückkehrer vom Festival. Ein Feuerwerk ist allerdings nicht zu sehen.

Erst um 21 Uhr höre ich das Böllern und Knallen eines Feuerwerks. Ich brauche gar nicht bis zum Tor zu gehen, um die Feuerbälle am Himmel beobachten zu können. Von der Straße, die durch die Anlage führt, beobachte ich die leuchtenden Fontainen am Himmel. Dann nehme ich auch den beißenden, schwefligen Geruch wahr. Ich kehre schnell um und schließe alle Fenster.

Ich sitze gerade noch am Schreibtisch, als es klopft. An der Tür steht die Kantinenwirtin und bringt eine große Portion Fisch. Ich weiß gar nicht, was ich sagen soll, bedanke mich artig und stelle den Fisch erst auf den Küchentisch, und als er kalt geworden ist, in den Kühlschrank. Vielleicht mag ich ja Fisch zum Frühstück.

With Family and Friends

Sonntag, 08.05.2022

Heute hat Medets Vater uns nach Xonobod eingeladen. Angekündigt ist eine ganztägige Veranstaltung für Familie und Freunde. Da für heute 34 Grad zu erwarten sind, ziehe ich wieder ein luftiges Sommerkleid an und lege mir für den Fall, dass bedeckte Arme angezeigt sind, Gulbanus Halstuch um, das farblich gut passt. Außerdem ziehe ich die guten schwarzen Schuhe an, um dem Strandkleid einen eleganteren Touch zu geben. So sehe ich halbwegs vorzeigbar aus.

Als ich aus dem Tor trete, bin ich überwältigt von der Landschaft. So klar und nah hatte ich die schneebedeckten Berge noch nie gesehen. Das sieht ja wirklich wie in der Schweiz aus!

Altynbek erwartet mich schon im Auto eines Kollegen, der uns ins Zentrum von Kurgantepa fährt. Dort steigen wir zu meiner Überraschung aus, verabschieden uns von unserem Fahrer, und Altynbek fragt mich, ob ich etwas einkaufen wolle. Ich zeige ihm die Packung getrockneter Früchte, die ich als Mitbringsel eingepackt hatte und frage, ob dieses Präsent wohl angemessen sei. Altynbek äußerst sich nicht, sondern deutet mir ihm zu folgen. Offenbar hält er Anderes für angemessener. Dann wird er aber von Männern angesprochen, die irgendetwas von Xonobod sagen. Daraufhin entscheidet er sich um und sagt, wir könnten auch in Karasuv noch einkaufen gehen. Wir steigen also wieder in ein Auto, diesmal in eines, in dem schon eine Frau und ein Junge sitzen. Nach kurzer Fahrt spricht mich der Junge auf Englisch an. Er habe mich im Fernsehen gesehen. Wir unterhalten uns eine Weile und die Mutter zückt ihr Handy und filmt uns dabei. Man sieht, wie stolz sie darauf ist, dass der Sohn mit der seltsamen Fremden reden kann. Dann kramt sie aus ihrer Tasche ein Brot und schenkt es mir.

In Karasuv halten wir vor einem Supermarkt und Altynbek schlägt mir vor, hier Rosinen, Nüsse und getrocknete Aprikosen zu kaufen. Ich darf von allem probieren, kann aber nur mühsam verhindern, dass die Verkäuferin mir gleich kiloweise Früchte einpackt. Und diese Tüten soll ich verschenken? Ich finde noch Schokolade, auf der „Alpengold" steht und lege auch die noch in meinen Einkaufskorb. Dann entdeckt Altynbek eine dekorativ aussehende Schachtel mit Lokum, jener Süßigkeit, die bei uns als „Türkischer Honig" bekannt ist. Die taugt doch schon eher als Gastgeschenk. Am Ende habe ich eine Rechnung von ca. 14 €, was ich für hiesige Verhältnisse ganz schön teuer finde.

Nun steigen wir wieder ins draußen wartende Taxi und fahren nach Xonobod. Nachdem Mutter und Sohn im Zentrum ausgestiegen sind, fahren wir aus der Stadt hinaus, an einem Friedhof vorbei, den man an verstreuten Grabstelen auf einem Hügel erkennen kann. Das Wetter ist fantastisch und die Gebirgslandschaft in der Ferne beeindruckend. Schade, dass das Wetter so schlecht war, als wir vor zwei Wochen hier waren. Vom Hügel mit der Seilbahn muss der Blick heute grandios sein.

Wir halten vor einem großen Tor, an dem ein Schild darauf hinweist, dass sich dahinter etwas Staatliches verbirgt. Hinter dem Eingang erstreckt sich ein parkähnliches Gelände mit hohen Bäumen und großen hölzernen Pavillons, zum Teil auf Stelzen, mit Taptschanen. Hier kommt uns schon Medet im Jogginganzug entgegen mit seinem kleinen Sohn auf dem Arm. Er stellt uns seinen Vater und seine Mutter vor und ich gebe das Lokum und die Schokolade ab. Dann nimmt mich die Mutter mit zum Frauentisch unter einem besonders reich verzierten Holzdach, während die Männer in die andere Richtung verschwinden. Am Frauentisch hocken etwa 15 Frauen auf dem mir inzwischen als eher unbequem bekannten Möbel vor einem Tisch, dessen Köstlichkeiten offenbar schon gemundet haben. Einige jüngere Frauen haben es sich mit ihren

Kindern an kleineren Tischen in der Nähe oder auf ausgebreiteten Decken gemütlich gemacht. Manche sind auch mit dem Schnippeln von Gemüse beschäftigt. Für mich sind natürlich noch genügend Salate, Brot, Wurst, Käse, Suppe und Kuchen übrig. Alles wird in meine Reichweite gerückt und ich fange mit etwas Gemüsesuppe an, die sehr gut schmeckt. Um mich herum sind die Frauen miteinander ins Gespräch vertieft und ich verstehe kein Wort. Erstaunlicherweise kümmert sich niemand mehr um mich. Das empfinde ich fast als wohltuend, nachdem ich mich schon fast daran gewöhnt hatte, immer und überall im Mittelpunkt zu stehen. Schließlich setzt sich aber doch eine junge Frau zu mir, die sehr gut Englisch spricht. Offenbar wurde sie als Dolmetscherin zu mir beordert. Sie ist 22 Jahre alt und hat ein ausnehmend hübsches Gesicht mit unglaublich langen Wimpern. Sie erzählt mir, dass sie eine private Sprachschule besuche, die deutlich besser in der Vermittlung von Sprachkompetenzen sei als das öffentliche Schulwesen. Ihre Lehrer kämen aus Kanada und Schweden, erklärt sie. Einen Job oder einen Studienplatz habe sie nicht.

Dann machen sich die meisten Damen zu einem Spaziergang auf. Es geht den Berg hinauf an einem betonierten Flussbett entlang, in dem aber nur ein Rinnsal stufenförmig nach unten fließt. Von hier aus führt ein kleiner Fußweg über eine Wiese und serpentinenartig bis oben auf den Hügel. Mit meinen Ausgehschühchen ist das nicht zu schaffen. Außerdem liegt der Weg voll in der Sonne. Das veranlasst mich und auch alle anderen zur Umkehr. An einem schattigen Platz in der Nähe des Flusses spricht mich ein jüngeres Mädchen an und versucht sich an einer Unterhaltung auf Deutsch. Sie wolle in Deutschland studieren, verrät sie mir. Da muss sie aber noch viel üben.

Danach unterhalte ich mich noch mit einer Geschichtslehrerin und Psychologin, die ganz leidlich Englisch spricht. Auch sie erkundigt sich nach meinen Familienverhältnissen, ist aber so taktvoll, mich vorher zu fragen, ob es mir Recht sei, darüber Auskunft zu geben. Sie wisse, dass das einigen Ausländern nicht angenehm sei. Das ist mir ja noch nie passiert! Bislang haben mich immer alle sehr ungeniert nach meinem Alter und meinem häuslichen und finanziellen Verhältnissen ausgefragt. Wie gut, dass ich das Familienbild von der Hochzeit meines Sohnes auf dem Handy habe. So kann ich auch ohne viele Worte meine Familie vorzustellen. Der Geschichtslehrerin kann ich auch einigermaßen verständlich machen, dass meine Söhne allein entscheiden, wen sie wann heiraten.

Bei dem Thema klinkt sich meine Dolmetscherin mit den langen Wimpern wieder ein und erzählt mir freimütig, dass sie sehr unglücklich verlobt sei. Ihre traurige Mimik lässt das Gesicht nicht weniger hübsch erscheinen. Wirklich beeindruckend! Sie wolle gern weiter lernen und einen Beruf ausüben, aber ihr Zukünftiger lasse das nicht zu. Sie habe zwar nach der ersten Begegnung mit dem jungen Mann ihre Zustimmung zur Hochzeit gegeben, aber erst nachher erkannt, wie eifersüchtig und besitzergreifend er sei. Die Hochzeit sei für diesen Herbst geplant, aber sie habe vor, die Verlobung zu lösen, denn es sei ihr wichtig, eigene Entscheidungen für ihr Leben zu treffen. Deshalb fühle sie sich zurzeit sehr unter Stress. Auch heute leide sie unter schlimmen Kopfschmerzen. Ihre Eltern wüssten noch nichts von ihren Zweifeln und würden wohl sehr böse, wenn sie ihnen mitteilen werde, dass sie den jungen Mann nicht heiraten wolle. Sie hoffe aber, dass der Zorn ihrer Eltern nach zwei oder drei Wochen verflogen sein werde. Ich bin beeindruckt von der Offenheit und dem Mut der jungen Frau, die sich traut, die Traditionen nicht als gottgegebenes Schicksal hinzunehmen und wünsche ihr viel Glück.

Auf dem Rückweg fallen mir noch zwei Mädchen auf, die sich etwas abseits der Gruppe zu langweilen scheinen. Typisch Teenager, denke ich zuerst. Zu alt, um mit den Kindern zu spielen und zu jung, um von den Erwachsenen beachtet zu werden. Auffällig ist allerdings ihre Kleidung. Sie sind in lange Gewänder gehüllt mit einem Hidschab, der eng um den Kopf geschlungen die zarten Gesichter nur so eben frei lässt. Wären die Stoffe nicht knallrot und gelb, würde man eine solche Gewandung eher in Saudi-Arabien vermuten. Trotz der Verhüllung ist zu erkennen, dass eines der Mädchen so schlank ist, dass man unwillkürlich an Magersucht denkt. Ihr Gesichtsausdruck hat auch nichts von der sie allenthalben umgebenden Fröhlichkeit. Stattdessen schaut sie ernst und unnahbar drein, ein verhuschtes, rotes Nachtgespenst unter der strahlenden usbekischen Sonne. Da es mir schon oft gelungen ist, mit Menschen in Kontakt zu kommen, indem ich sie gebeten habe, ein Foto von ihnen machen zu dürfen, versuche ich auch jetzt, auf diese Weise Zugang zu den Mädchen zu bekommen. Aber die signalisieren sofort, dass sie nicht fotografiert werden möchten und drehen mir den Rücken zu. Ich bin also auf junge islamische Fundamentalistinnen gestoßen, eine Seltenheit, aber traurige Realität!

Zurück am Frauentisch habe ich eine lustige Unterhaltung mit einer älteren Frau, die irgendwie die Chefin in der Runde zu sein scheint. Der gelingt es nur durch Gesten, sich nach meiner Familie zu erkundigen und mir zu erzählen, dass sie fünf Kinder und 20 Enkelkinder habe, außerdem eine Kuh, die täglich 15 Liter Milch gäbe und Hühner. Die Milch und die Eier verkaufe sie. Über das schauspielerische Talent, mit dem sie all diese Informationen überbringt, lachen wir alle herzlich. Etwas später betätigt sich die Alte als Heilerin, indem sie versucht, durch eine Art Druckmassage bei gleichzeitigem Aufsagen von Koranversen meine Dolmetscherin von ihren Kopfschmerzen zu befreien.

Dann folgt eine Gebetsrunde. Abwechselnd tragen die Frauen Suren aus dem Koran auf Arabisch vor, wobei sie den Text entweder aus mitgebrachten Heften oder aus dem Handy ablesen. Die Schriftzeichen sind allerdings lateinisch.

Inzwischen tut mir mein Rücken vom unbequemen Sitzen heftig weh, so dass ich aufstehe, um einen Gang über das Gelände zu machen. Sogleich ist Altynbek zur Stelle, der mich offenbar aus der Ferne im Auge behält. Er zeigt mir ein Mausoleum, in dem irgendein islamischer Heiliger seine letzte Ruhe gefunden hat. Auf dem Sarkophag liegen Geschenke und Geldscheine. Eine Tafel klärt mehrsprachig über den heiligen Ort auf, und so lerne ich auch, dass das hier fließende Wasser einen hohen Mineraliengehalt hat und als Heilwasser genutzt wird. Von Medets Vater erfahre ich später noch, dass bis zum Beginn der Pandemie das Wasser bis nach St. Petersburg geliefert wurde, wo es einer ständigen Qualitätskontrolle unterzogen wurde. Nun wolle man die Quelle reaktivieren und auch das betonierte Flussbett neu gestalten.

Als ich Altynbek auf die Mohnblumen aufmerksam mache, die sehr schön am Hang blühen, kann ich ihn nur mit Mühe davon abhalten, in dem unwegsamen Gelände hinaufzuklettern, um einige zu pflücken. Sie würden in kürzester Zeit verdorren. Außerdem stehen auf der Wiese neben meinem Bungalow auch tausende davon!

Bei unserem Rundgang kommen wir auch an der Küche vorbei, wo die Männer dabei sind, über offenem Feuer Plov zuzubereiten. Dass die Zubereitung von Plov Männersache ist, hatte ich schon gehört. Ähnlich wie bei uns das Grillen! Das Kleinschneiden des Gemüses dürfen die Frauen aber gern übernehmen. Als ich frage, ob ich den Männern mal zuschauen dürfe, zögert Altynbek. Eigentlich sei das nicht üblich. Ich darf dann aber doch gucken und sehe einen riesigen, mit Holz befeuerten Herd, in den fünf oder sechs große Metallpfannen, die Kazane, eingelassen sind. Darin brät gerade Gemüse in heißem Öl.

Das fertige Plov ist der Höhepunkt und der Abschluss des Tages. Auch diese Variante schmeckt mir gut. Auch scheint das Gericht weniger fett zu sein als gestern, was ich sehr zu schätzen weiß. Als alle genug gegessen haben, ist die Party vorbei und die Damen beginnen einzupacken. Die Plovreste werden einfach in die Kuhle gekippt, die sich in der Mitte der Brotfladen befindet, sodass diese als Schüsseln dienen, die, in Tücher eingeschlagen, nach Hause getragen werden. Niemand gibt mir ein Fresspaket mit. Na nu? Irgendwie sind die Leute hier anders. Ich bin aber froh darüber, nicht noch weitere Essensreste in meinen Kühlschrank packen zu müssen, und auch darüber, dass es nicht allzu spät geworden ist, denn mein Rücken tut mir von der ungewohnten Sitzhaltung ziemlich weh und der ständige Versuch, das mir fremde Geschehen aufmerksam zu verfolgen, hat mich müde gemacht.

Medet fährt uns in seinem Wagen bis ins Zentrum von Xonobod. Von dort nehmen wir ein Taxi bis Kurgantepa. Hier schlägt Altynbek vor, noch auf den Markt zu gehen, um Gewürze zu kaufen. Da sage ich nicht nein. Ich hatte mich nach den Zutaten für Plov erkundigt und erfahren, dass ein wichtiger Bestandteil Kreuzkümmel sei. Davon nehme ich gern etwas mit. Als erstes bewundere ich aber die vielen Stände mit Speiseöl aller Sorten. Auch Sonnenblumenöl gibt es hier in kleinen und großen Mengen. Und in Deutschland sind zurzeit die Regale leer!

An einem der vielen Brotstände stellt mir Altynbek seine Cousine vor. Aber ich brauche kein Brot, da ich ja das geschenkte von heute Morgen habe. Sein Nachbar verkauft Gemüse, und die Frau am Gewürzstand ist auch irgendwie mit ihm verwandt. Die zeigt sich besonders erfreut über unseren Besuch und zeigt mir auf ihrem Handy ein Foto von mir und ihren Sohn, entstanden nach meiner Deutschstunde an der Schule No. 55. Sie lässt mich an drei verschiedenen Kümmelsorten riechen, die alle einen sehr intensiven Duft verströmen. Natürlich nehme ich gleich zwei Sorten Kümmel mit, dazu etwas Koriander und Chili. Das ganze kostet mich dann etwa 1,50 Euro. Der Markt ist wirklich einer der schönsten, die ich je gesehen habe: Ein riesiges Angebot an Waren, keine Touristen und niemand, der aggressiv zum Kauf animiert.

Ein weiteres Taxi bringt mich dann nach Hause, wo ich dusche, mich aufs Bett lege und schnell fest einschlafe.

Zum Abendessen beschränke ich mich auf Brot und Butter
und trinke dazu Wasser. Morgen ist wieder Feiertag (9. Mai,
der Tag des Sieges!) und ich bin von Kolleginnen zum Picknick eingeladen. Ich wette, es gibt Plov!

Von der ursprünglichen Einladung durch die Männer des
Kollegiums ist übrigens keine Rede mehr, ohne dass ich dafür
irgendeine Erklärung bekomme. Ich frage schon lange nicht
mehr, warum sich Pläne ändern.

Kirschen für Russland

Montag, 09.05.2022

Heute bin ich schon um vier Uhr wach und kann nicht wieder einschlafen. Vom unbequemen Sitzen tut mir der ganze Rücken weh. Um halb sechs fange ich an zu lesen und um halb sieben stehe ich auf. Da ich mich gestern Abend mit Essen zurückgehalten hatte, habe ich Appetit auf ein richtiges Frühstück. Aber an der Kantine ist niemand (oder noch niemand). Also gibt es reichlich Brot mit Butter und Marmelade. Auf Fisch zum Frühstück habe ich doch keinen Appetit.

Malika und ihr Mann mit ihren zwei Kindern und Ilmira mit ihrer Tochter holen mich um zehn Uhr ab und wir fahren in ein Dorf in der Nähe von Karasuv, wo Togzhans Vater einen großen Garten hat. Vier Erwachsene und drei Kinder in einem Auto: kein Problem. Zur Begrüßung empfängt uns Togzhans Schwägerin mit der mir nun schon geläufigen Händewaschprozedur. Rechterhand steht ein Haus, das im Wesentlichen aus einem Kuhstall und einem kleinen Wohnbereich besteht. Außen sind eine Feuerstelle und ein Backofen angebracht. Ansonsten besteht das Gelände aus einer Obstplantage mit drei Pavillons zum Picknicken. Im größten und schönsten, der üppig mit Teppichen ausgelegt ist, ist der Tisch für uns gedeckt. Rundherum sind auf dem Boden Plätze für ein Duzend Gäste. Die meisten sind Englischkolleginnen von verschiedenen Schulen, von denen ich aber nur wenige kenne. Alle haben ihre Kinder und etwas zum Essen mitgebracht. Die älteste sitzt neben mir und erzählt mir von ihren drei Kühen und ihrer Verwandtschaft. Zum Glück ist heute kein Gestikulieren nötig, da die Sprachkenntnisse für eine einfache Unterhaltung reichen. Am interessantesten ist die 11jährige Tochter einer Kollegin, die mir den ganzen Tag kaum von der Seite weicht, um mit mir Englisch sprechen zu können. Tatsächlich beherrscht sie die Sprache schon erstaunlich gut, besser als die meisten Erwachsenen. In der Schule hat sie das wohl kaum gelernt. Ihre Klassenkameradin, die auch dabei ist, spricht jedenfalls kein Wort.

Die Kirschernte ist voll im Gange und bei einem Spaziergang über das Gelände können wir den Erntehelfern zusehen. Zwei Frauen, die die gepflückten Kirschen einzeln (!) verpacken, unterbrechen ihre Arbeit, um ein Selfie mit mir zu machen. Von Togzhans Vater erfahre ich, dass die Kirschen nach Russland exportiert werden. Etliche Kisten stehen schon zur Abholung bereit.

Insgesamt ist das heutige Picknick weniger anstrengend als das gestrige, nicht nur, weil die sprachliche Verständigung besser funktioniert, sondern auch, weil mein Aufpasser Altynbek nicht dabei ist und ich auch mal aufstehen und durch den Garten spazieren kann, ohne dass gleich jemand hinter mir steht und fragt, ob es mir noch gut geht. Schön und überaus rückenschonend ist auch ein schattiger Platz mit Bänken um einen Tisch in der mir zuträglichen Höhe. So verbringe ich eine wirklich angenehme Zeit mit interessanten Gesprächen, in denen ich wieder einmal viel über das Leben in einer usbekischen Großfamilie lerne. Dass sich die eine oder andere zwischendurch einen der bereit liegenden Gebetsteppiche schnappt, um sich zum Beten zurückzuziehen, finde ich inzwischen fast normal.

Mit Malika unterhalte ich mich etwas länger über das Phänomen der arrangierten Ehen. Sie selbst hat ihren Mann vor der Heirat gar nicht gesehen, schätzt sich aber zu Recht glücklich, da ihr Mann erstens gut aussieht und zweitens auch sonst umgänglich zu sein scheint. Trotzdem werde ich nicht ganz schlau aus dem, was sie sagt. Einerseits sind Religion und Tradition für sie unumstößlich, andererseits wünscht sie sich für ihre Tochter ein besseres Leben. Ob das bessere Leben auch ein freieres sein soll, kann ich nicht herausfinden. Da ich nun mehrfach erklärt bekommen habe, dass die jungen Frauen nach ihrer Heirat in die Familie des Mannes aufgenommen werden, wo die Schwiegermutter das alleinige Sagen hat, möchte ich wissen, was geschieht, wenn ein Ehepaar nur Töchter hat und demnach im Alter allein bleibt. Diese Frage scheint schwer verständlich zu sein. Ich muss sie mehrfach mit anderen Worten wiederholen. Dann erfahre ich aber doch die beiden Lösungsvarianten: Entweder die jüngste Tochter wird nicht verheiratet und versorgt ihre Eltern, oder alle Töchter heiraten, geben aber eine ihrer Töchter als Pflegerin an die Eltern ab. Was mit diesen Frauen geschieht, wenn die Eltern bzw. Großeltern gestorben sind, wage ich dann nicht mehr zu fragen.

Nachdem wir vormittags schon Manthi und gebratenes Hackfleisch sowie diverse Salate gegessen haben, gibt es gegen 14 Uhr das Plov, das die Hausherrin auf der Feuerstelle zubereitet hat, in der ständig Holz und getrocknete Zweige nachgelegt werden. Da auch hier Baumwollöl im Einsatz ist, esse ich wieder nur sparsam von dem Gericht. Kein Risiko!

Schön ist es, die Kinder zu beobachten, die auf dem großen Gelände herumtoben. Ein junger Hund ist die Attraktion und muss sich als Spielgefährte einiges gefallen lassen. Als Togzhans kleiner Sohn in einen Bewässerungsgraben fällt, schreit er zwar wie am Spieß, tobt aber bald – ohne jegliche Bekleidung – weiter.

Zum Abschied gibt es wieder das übliche Fresspaket und ein kleines Handtuch als Geschenk. Malikas Mann steht als Fahrer schon bereit. Auf dem Rückweg bringen wir zuerst Ilmira nach Hause, die in einem dörflichen Vorort von Karasuv wohnt. Als sie uns hereinbittet, möchte ich die Einladung zuerst nicht annehmen, da Malikas Kinder offenbar todmüde sind und ich auch. Wir steigen aber doch aus, und in dem großen, gepflegten Innenhof eines ansehnlichen traditionellen Hauses erscheinen die Schwiegereltern. Malikas Mann geht gleich auf den Schwiegervater zu und die beiden Männer verschwinden, ohne sich weiter um uns zu kümmern. Die Schwiegermutter begrüßt mich überaus freundlich und führt uns in das Esszimmer, in dem 20 Stühle um einen riesigen

Tisch stehen. Farblich dominieren Goldtöne. Alles wirkt sehr gediegen. Außer einer Einbauwand am Kopfende des Zimmers gibt es noch ein kleines Tischchen, auf dem ein Monitor die Bilder zweier Überwachungskameras zeigt. Ich habe keine Ahnung, was man hier befürchtet!

Da die Schwiegermutter kein Englisch spricht, helfen Malika und Ilmira bei der Verständigung. Ich zeige wieder das Hochzeitsbild, und die Schweigermutter schaut sich in meinem Handy auch noch alle anderen Fotos von der Feier an (natürlich ohne zu fragen) und will genau wissen, wer wer ist. Ich gebe, so gut ich kann, Auskunft und erkundige mich meinerseits nach ihrer Familie, wobei ich meine Anerkennung für die Zahl ihrer Kinder und Enkelkinder überschwänglich zum Ausdruck bringe, und so verbringen wir die Zeit mit dem Erläutern von Verwandtschaftsverhältnissen bis auch die Männer ihr Gespräch beendet haben. Zum Abschied bekomme ich ein weiteres Handtuch, diesmal rosa-farbig und sehr groß.

Ich bin kaum zu Hause, als Altynbek anruft und sich nach meinem Befinden erkundigt. Woher weiß er schon wieder, dass ich gerade angekommen bin? Wahrscheinlich sind die Bilder unseres Picknicks längst auf Telegram zu bewundern. Auch aus der Ferne behält er gern die Kontrolle über mich.

Nach dem schon zur Gewohnheit gewordenen verspäteten Mittagsschlaf beginne ich schon mal mit dem Abschlussbericht für meine Organisation. Ganz viel Neues wird ja jetzt wohl nicht mehr passieren.

Außerdem bereite ich meinen Unterricht für morgen vor. Nach den diversen Gesprächen der letzten Tage traue ich mich jetzt, eine Podiumsdiskussion über arrangierte Ehen zu planen. Ich gebe mir dabei viel Mühe mit Rollenkarten und Feedbackbögen. Schließlich soll diese Stunde das sprachliche und methodische Highlight werden. Für die Schüler gibt es eine Kurzfassung der Stunde zu den *„school rules"*. Das muss reichen.

Beim Abendbrot probiere ich tatsächlich ein kleines Stück von dem Fisch, der noch appetitlich riecht und tatsächlich sehr schmackhaft ist. Dazu gibt es eine Gurke aus dem Fresspaket. Die Kekse und Süßigkeiten füllen inzwischen ein ganzes Fach im Küchenschrank. Ich esse davon mit gutem Appetit noch ein ganzes Stück Kuchen.

Bank- und sonstige Geschäfte

Dienstag, 10.05.2022

Der Fisch und das Plov von gestern liegen mir doch etwas schwer im Magen, sodass ich zum Frühstück wieder nur Brot mit Butter und Marmelade esse. Davon habe ich ja mehr als genug,

Zu meiner Unterrichtsstunde erscheinen acht Schüler, nach fünf Minuten fällt einem Mädel aber offenbar ein, dass sie woanders sein sollte, so dass sie wortlos den Raum verlässt. Nach weiteren fünf Minuten wird ein Schüler von einer Lehrerin herausgeholt. Mit den verbleibenden sechs versuche ich die Stunde über *„school rules"* durchzuziehen, wobei ich aufpassen muss, dass der Vielredner und Streber nicht den ganzen Unterricht allein bestreitet. Das Unterrichtsgespräch über die Regeln des Schullebens in England und Usbekistan bringt wieder seltsame Ansichten zu Tage: Der Streber äußert tatsächlich, dass Spiele auf dem Schulhof *„a waste of time"* seien und nur vom Lernen ablenkten. Fußballspielen müsse schon deshalb verboten werden, weil die Jungen nur zu gerne spielten und darüber ihre schulischen Pflichten vergessen könnten. Dass es in anderen Ländern zwischen den Unterrichtsstunden längere Pausen gibt, nehmen alle mit Erstaunen zur Kenntnis. Hier unterrichtet man sechs Stunden lang ohne Pause. Nur für den Raumwechsel seien einige Minuten eingeplant. Ein Grund, *„toy guns"* in der Schule zu verbieten, fällt allerdings keinem ein. Allenfalls könnte ein Spiel mit Knarren den Unterricht stören. Eine Scheu gegenüber Waffen und allem Militärischen ist völlig unbekannt.

Nach Ende der Stunde kommen drei kichernde Mädchen in meinen Raum, setzen sich und sagen jeweils *„My name is …"*, sonst nichts. Dann schauen sie mich erwartungsvoll an. Ich versuche, mit ihnen ein Gespräch zu beginnen, aber außer weiterem Kichern kommt keine Reaktion. Es stellt sich heraus, dass keine von ihnen Englisch spricht. Offenbar geht es den Mädels nur um die Selfies, die dann in mehreren Varianten geschossen werden.

Dann kommt Altynbek und möchte das Antragsformular zur Fortsetzung des Programms sehen. Da das mit Raushan – über ihre Nichte als Übersetzerin – längst abgestimmt ist, weiß ich nicht, warum er es jetzt mitnimmt, um es auch noch einem Kollegen zu zeigen, und mit der Nachricht zurückkommt, es sei ok. Natürlich ist es ok!

Er werde es nun der Schulleiterin geben, verkündet er, verschwindet und kommt erst mal nicht wieder. Ich sitze und warte und weiß nicht worauf. Mir fällt auf, dass ich an dieser Schule nur drei Räume kenne: die Aula, meinen Klassenraum und den Raum daneben, in dem bei besonderen Anlässen immer der Tisch festlich gedeckt ist und man sich vor dem Betreten des dicken Teppichs die Schuhe auszieht. In das Zimmer der Schulleiterin bin ich nie vorgedrungen. Jetzt mache ich mich einfach auf den Weg. Es ist doch nicht einzusehen, dass ich hier sitze und warte, während Altynbek mit Raushan über die Fortsetzung meines (!) Einsatzes redet.

Zu meiner Überraschung finde ich beide im Nebenraum, wo heute kein Teppich liegt. Statt des Esstisches stehen dort zwei Schreibtische. An einem thront Raushan, am anderen sitzt eine Frau, die ihre Assistentin zu sein scheint. Ein ganz normales Büro. Raushan begrüßt mich überschwänglich, lässt sich von mir bestätigen, dass der Fortsetzungsantrag ihre und nicht irgendeine andere Schule betrifft, und unterschreibt schließlich, nachdem sie zwischendurch mindestens zwei Telefonate geführt und ein halbes Duzend Akten unterzeichnet hat, die ihr von Lehrkräften vorgelegt werden. Dann erscheint eine Schneiderin und nimmt bei mir Maß. Ich solle zum Abschied ein Kleid bekommen. Was mich an den letzten beiden Tagen sonst noch erwartet, kann oder will mir allerdings niemand verraten. Ich hoffe, beim Mittagessen mehr herauszufinden.

Als wir die Schule endlich verlassen, sagt mir Altynbek, dass seine Frau mich für morgen Abend zum Essen einlade. Daraufhin äußere ich den Wunsch, auf dem Weg zum Restaurant in einer Bank Geld zu wechseln und Geschenke zu kaufen. Inzwischen habe ich nur noch So'm im Wert von 20 Euro im Portemonnaie.

Die erste Bank, an der wir vorbeikommen, sagt Altynbek aus irgendeinem Grund nicht zu. Mein Geld reicht aber, um Raushan und Altynbeks Frau je einen Topf mit handgemachten Plastikblumen zu kaufen, ähnlich denen, die ich schon zuhauf geschenkt bekommen habe (nicht meine Idee, aber offenbar hier gängige Praxis). Außerdem finde ich noch Schreibhefte mit Bildern von Audis, BMWs und Marco Reus für Altynbeks Söhne und den netten Taxifahrer, dann noch ein Usbekisch-Russisch-Englisches Wörterbuch für Medet als Dank für seine Fahrdienste. Der Kollege hatte sich mehrfach entschuldigt, dass er sich mangels Englischkenntnissen nicht richtig mit mir unterhalten könne. Von den 20 Euro bleibt noch etwas übrig.

Im Restaurant (ein anderes als sonst, aber auch gut besucht) gibt es Schaschlik-Spieße und Salat, aber ich habe nicht viel Hunger. Eine Frau am Nachbartisch spricht uns in recht gutem Englisch an. Es ist Nadiras Mutter, die hier nach erledigten Einkäufen auch zu Mittag isst. Sie lädt mich natürlich zu sich nach Hause ein, aber ich muss sie auf nächstes Jahr vertrösten.

Auf dem Rückweg zur Schule gehen wir dann in eine andere Bank, in der ich zwar keine Euros, aber Dollar umwechseln kann. Zum Glück habe ich die 100 Dollar, die ich vorsichtshalber von zu Hause mitgebracht hatte, bei mir. Als ich aber die lange Schlange vor den Bankschaltern sehe, mache ich kehrt und erkläre, nun doch unverzüglich zur Schule gehen zu wollen. Schließlich sei es gerade 14 Uhr und mein Unterricht sollte jetzt in diesem Augenblick beginnen. Altynbek nimmt meinen Pünktlichkeitswahn verständnislos, aber geduldig zur

Kenntnis und wir machen uns auf den Weg. Als wir allerdings an der ersten, eben noch verschmähten Bank wieder vorbeikommen, beschließt Altynbek doch, trotz der fortgeschrittenen Zeit hineinzugehen. *„We are not late,"* insistiert er. Auch hier sind viele Menschen in der Schalterhalle, aber Altynbek spricht einen der Security-Leute an und ich darf direkt zum Schalter durchgehen. Auch hier werden nur Dollar gewechselt. Ich lege 80 davon auf den Tisch und jeder Schein wird durch ein Gerät gezogen, das die Echtheit überprüft. Dann muss ich einen Zettel unterschreiben und die Bankangestellte fängt an, mir eine Million So'm in 5000 er Scheinen vorzuzählen. Als schon zwei stattliche Stapel Geld aufgehäuft sind, unterbricht Altynbek sie und erfährt, dass man keine größeren Scheine habe. Ich kann gar nicht so schnell rechnen, wie viele 5000 er Scheine ich insgesamt bekomme und wie dick danach mein Portemonnaie sein würde, da hat Altynbek das Geschäft schon abgebrochen. *„We'll go somewhere else"* sagt er mir und ich erhalte meine 80 Dollar zurück.

Mit einer Viertelstunde Verspätung an der Schule angekommen, finden wir gerade einmal eine Teilnehmerin vor. Die anderen trudeln aber nach und nach ein, so dass die geplante Sitzung ihren Lauf nehmen kann. Zwei exemplarische Essays werden einem Feedback unterzogen, wobei es den Teilnehmern zu meiner Überraschung gut gelingt, stilistische Verbesserungen vorzuschlagen. Einige holen dazu sogar unaufgefordert das vor einigen Stunden verteilte Blatt mit *„discussion phrases"* hervor, was ich positiv vermerke, denn bislang hatte ich Zweifel, ob Sinn und Zweck meiner Handouts überhaut erfasst wurden.

Aus vorhandenen Argumenten Schlussfolgerungen zu ziehen, fällt dann einigen wieder sehr schwer. Es gibt aber zum Glück zwei halbwegs gelungene *„conclusions"*, die ich abfotografiere und an die Leinwand projiziere. Mit dem Feedback dazu bin ich dann auch einigermaßen zufrieden. Uff!

Zur Diskussion über *„arranged marriges"* kommen wir nicht mehr, aber ich kündige das Thema und die Methode der *„panel discussion"* schon mal für die nächste Sitzung an. Gulnara bedauert sehr, dass sie nicht teilnehmen kann, weil sie eine mündliche Prüfung für ein von ihr angestrebtes Zertifikat hat. Malika lädt dann noch mich und alle anderen zu ihrer *„open lesson"* ein, die morgen um 13 Uhr stattfinden wird. Die Stunde möchte ich wirklich gern sehen. Es bleibt abzuwarten, ob Altynbek mich lässt.

Da es heute sehr schwül ist, habe ich keine Lust mehr zu weiteren Einkäufen. Also schlage ich vor, diese auf den nächsten Vormittag zu verschieben, an dem bislang kein Programm ansteht. Altynbek ist einverstanden und organisiert Vertretung für seinen Unterricht, denn unbegleitet will er mich immer noch nicht gehen lassen. Während wir vor der Schule auf ein Taxi warten, kommt ein Anruf. Die Schule Nr. 32 lädt mich für morgen früh ein. Was nun? Gleichzeitig Shopping und Schulbesuch wird wohl nicht gehen. Aber ich bleibe erstaunlich ruhig. Inzwischen habe ich gelernt, dass ich noch froh sein kann, wenn ich heute erfahre, was morgen stattfinden wird. Dann eben doch noch Geld besorgen und Einkaufen.

Ein Kollege, der uns im Taxi begleitet, bietet an, den Geldwechsel für mich zu erledigen. Ich frage nicht, wo und wie. Wir steigen in Kurgantepa aus und mitten im Marktgewühl zähle ich ihm 80 Dollar vor. Damit verschwindet er irgendwohin und kommt nach kürzester Zeit mit der entsprechenden Summe So'm zurück. Ich frage nicht nach dem Kurs und zähle auch nicht nach. Jetzt habe ich jedenfalls wieder eine Million im Portemonnaie.

Inzwischen ist es so windig geworden, dass eine riesige Staubwolke in der Luft hängt. Die Markthändler klappen ihre Schirme ein und halten ihre Waren fest, aber mehrere aufgeblasene Planschbecken fliegen durch die Luft. Unbeeindruckt davon gehen wir in ein Geschäft, in dem es Sportartikel und

Zauberwürfel gibt. Altynbek erklärt mir, dass er seinen Söhnen schon lange solche Würfel versprochen habe, dass er sich die Ausgabe aber zurzeit nicht leisten könne. Im ersten Geschäft gefällt ihm das Angebot nicht. Im zweiten ist dann die Auswahl tatsächlich größer. Ich wusste gar nicht, dass es diese Würfel in den unterschiedlichsten Varianten und Qualitäten gibt. Auch finde ich es erstaunlich, dass sie in mehreren nebeneinander liegenden Läden angeboten werden. Schließlich kaufe ich drei verschiedene Exemplare in den Varianten 3x3 für den jüngsten, 4x4 für den mittleren und 5x5 für den ältesten Sohn.

Um ein Geschenk für seine Mutter zu finden, führt Altynbek mich zu einem Markstand mit Haushaltswaren. Dort gibt es Geschirr in dem hier häufig anzutreffenden Muster, überaus kitschige Kristallschalen neben einigen Gläsern und Gefäßen, die ich halbwegs geschmackvoll finde. Auch die Messer aus dem Messerset gibt es hier zu kaufen, einzeln und für wenig Geld. Trotzdem ist die Wahl schwierig. Zu allem, was ich vorschlage, sagt Altynbek entweder, dass so etwas im Haushalt bereits vorhanden sei, oder er sagt einfach nur *„I don't know"*. Schließlich packt die Verkäuferin einen Mixer aus und führt mir dessen Funktion vor. Wie kommt sie denn bitte jetzt darauf? Ich entscheide mich schließlich für eine Schale mit einem Goldmuster, die mich gute sechs Euro kostet. Dann finden wir den Weg zur Straße mitten durch einen Lebensmittelladen, in dem ich noch einen Becher Joghurt kaufe.

Während wir auf das Taxi warten, schlägt Altynbek plötzlich vor, die gekaufte Schale der Schulleiterin zu schenken. Die möge so etwas leiden. Seine Mutter könne die Blumen bekommen und seine Frau brauche nichts. Ich könnte ihn erwürgen.

Zuhause packe ich eine Tasche mit all meinen Geschenken für Altynbeks Familie. Ich weiß ja nicht, ob ich morgen überhaupt zwischendurch nach Hause komme. Für seine Mutter und seine Frau nehme ich einige von meinen Plastikblumen mit.

Dann setze ich mich gleich an den Rechner und schreibe eine Liste mit nützlichen Websites: die meisten zum selbstständigen Englischlernen, aber mit der Internetseite des Goethe-Instituts in Taschkent für die, die Deutsch lernen möchten und der des BAMF mit ausführlichen Informationen zu Einwanderungsbedingungen nach Deutschland in mehreren Sprachen, darunter Russisch. Letzteres geschieht, weil mich mehrere Kollegen nach den Einwanderungsbedingungen und Verdienstmöglichkeiten in Deutschland gefragt und mir von ihren Plänen erzählt hatten, im Ausland Geld verdienen zu wollen, um ihren Kindern eine gute Ausbildung finanzieren zu können, darunter Altynbek.

Außerdem bereite ich noch ein Evaluationsblatt und eine Liste mit Namen, Emailadressen und Telefonnummern vor.

Um 21.30 Uhr bin ich todmüde. Den online-Griechischkurs, der jetzt beginnt, lasse ich sausen und gehe um 22 Uhr ins Bett.

Schaustunden und leckerer Fisch

Mittwoch, 11.05.2022

Heute warte ich bis viertel vor elf, bis endlich Altynbeks Anruf kommt. Jahongir stehe schon vorm Tor, um mich zur Schule No. 32 zu bringen. Wenn es jemals so etwas wie einen sinnvollen Zeitplan gab, können wir ihn jetzt schon knicken.

Von Jahongir erfahre ich, dass er fälschlicherweise zur Schule No. 31, „meiner" Schule, gefahren war, um mich dort abzuholen und nicht wusste, dass er mich in meiner 15 km entfernten Unterkunft vorfinden würde. So machen wir uns mit reichlicher Verspätung auf den Weg. Die Sicherheitsgurte werden an der Handbremse befestigt und unterwegs versuchen wir, uns auf Englisch über usbekische Verkehrsregeln zu unterhalten. Das ist aber kaum möglich, da Jahongir kaum einen Satz verständlich herausbringt. Ich werde nie erfahren, ob und ggf. welche Geschwindigkeitsbegrenzungen es gibt. Dass die Polizei aber gelegentlich *documents* prüft, kann ich verstehen. Spreche ich wirklich mit einem Englischlehrer? Immerhin kann er mir klarmachen, dass es unüblich sei, dass Frauen in seinem Land Auto fahren, er kenne nur drei oder vier. Frauen hätten auch keinen Sinn fürs Autofahren, was man daran sähe, dass sie ständig die Fahrer zum Schnellerfahren animierten. Von den damit verbundenen Gefahren würden sie ja nichts verstehen.

Endlich kommen wir mit einstündiger Verspätung an Schule No. 32 an. Die Schulleiterin und einige Kolleginnen stehen zum Empfang bereit, aber kein großes Begrüßungskomitee. Damira, Jahongirs Frau, trägt heute ihre Schulkleidung ohne Kopftuch. Ich hätte sie beinahe nicht wiedererkannt. Ich erfahre, dass es eine kleine Party und eine Vorführstunde geben soll. Auf den zweiten Programmpunkt bin ich gespannt.

Die „Party" wird von Damiras Klasse bestritten und besteht in der Präsentation des traditionellen Tanzes aus Andijan, der mir inzwischen schon wohlbekannt ist. Allerdings haben die Tänzerinnen hier ein paar Probleme mit der Synchronie der Bewegungen. Der zweite Tanz ist der bekannte Kasatschok, auch hier stilecht in Uniformwesten dargeboten. Schließlich gibt es ein Rollenspiel mit einer Szene beim Arzt, die in verschiedenen Varianten dargestellt wird, theaterpädagogisch durchaus beachtenswert, wenn nur nicht jedes Mal der Satz *„I am disease"* fallen würde. Dann gibt es auch noch eine Szene, die den Zertifizierungswahn in diesem Land ansatzweise kritisch darstellt. Auch hier alle Achtung vor der Idee, aber warum steht auf den Schildern, die hochgehalten werden, überall *„sertificate"*?

Dann folgt in einem anderen Raum eine Englischstunde in der Primarstufe, drittes Lernjahr, und der Lehrer ist Jahongir. Er fährt das gesamte methodische Arsenal auf: Quizfragen, Lieder, Kreuzworträtsel, Übersetzung und eine Übung, die mittels digitalem Lehrmaterial über seinen Laptop auf einen Monitor projiziert wird. Alles geschieht frontal, die Schüler melden sich brav und antworten in Einwortsätzen. Nicht alles hat mit dem Thema der Stunde *„healthy food"* zu tun. Ein Lernziel ist kaum erkennbar und Progression gar nicht. Am schlimmsten ist aber die Sprache des Lehrers. Mir dreht sich fast der Magen um. Meistens übersetzt er auch gleich jeden englischen Satz, den er sagt, ins Usbekische. Vielleicht besser so! Manchmal hilft ihm auch seine Frau Damira weiter, die deutlich flüssiger spricht.

Sowohl Damiras als auch Jahongirs Klassenzimmer sind als Englischfachräume sehr liebevoll und kindgerecht gestaltet. Die Sinnsprüche auf Plakaten spiegeln ein wenig die Aufbruchstimmung und die positiven Zukunftserwartungen in diesem Land wieder: *„Don't wait for apportunity. Creat it"* [sic] ist symptomatisch.

Als die Stunde zu Ende ist, ist es ein Uhr. Jetzt beginnt gerade Malikas *open lesson* an Schule No. 31, denke ich. Die wollte ich doch gerne sehen. Stattdessen bekomme ich einen riesigen, schweren Bildband mit Widmung und ein anderes eingepacktes Geschenk überreicht und werde zum Mittagessen ins „Kamron" eingeladen.

Als wir das Schulgelände verlassen, muss ich mich noch durch meine Unterschrift in einem Register auschecken. Obwohl es auch an der Schule No. 31 solche Ein- und Ausgangskontrollen gibt, hat das bislang noch niemand von mir verlangt.

Appetit auf Mittagessen habe ich eigentlich gar nicht, aber die Einladung abzulehnen wäre wahrscheinlich ein ziemlicher Affront. Also bestelle ich Suppe, fische hauptsächlich das Gemüse heraus und esse ein paar Brocken der riesigen Rindfleischeinlage, die ich mit Löffel und Fingern einigermaßen unfallfrei in den Mund bekomme. Den Rest überlasse ich Jahongir, der das Fleisch genüsslich von den Knochen abnagt. Natürlich wird auch hier erwartet, dass ich die Schule, den Ort Karasuv und ganz Usbekistan ausgiebig lobe, was ich auch ehrlich und gern tue. Auch Jahongir bekommt für seine Unterrichtsstunde das ersehnte Lob. Das hier ist keine Situation für ein ehrliches Feedback.

Um viertel vor zwei dränge ich zum Aufbruch. Schließlich will ich nicht auch noch zu meinem Unterricht zu spät kommen. Zu meiner Überraschung empfängt mich Malika schon am Eingang zur Schule: *„We are waiting for you."* Die ganze Klasse hat eine Stunde lang auf mich gewartet! Jetzt soll ihr Unterricht endlich beginnen. Und mein Unterricht mit den Lehrern? Findet danach statt!

Bevor wir in Malikas Raum gehen, bittet mich Damira, nach Hause gehen zu dürfen, um sich um ihre Kinder zu kümmern. Ihre Schulleiterin dürfe das aber nicht wissen. Bei der habe sie sich zur Fortbildung abgemeldet. Das hätte ich ihr gar nicht zugetraut. Natürlich lasse ich sie gehen. Ich frage mich nur, ob die unregelmäßige Teilnahme mancher Kollegin ein offiziell geduldetes Zugeständnis an die familiäre Situation (was ich verstehen würde) oder ein „Schwänzen" ist, von dem die Schulleitungen nichts wissen dürfen.

In ihrem Unterricht zeigt Malika, was sie kann. Ihr Englisch ist um Vieles besser als das Jahongirs, aber obwohl es sich hier um eine 6. Klasse handelt und die Schüler drei Jahre älter sind, ähneln sich die Methoden. Die Quizfragen, die zum Einsatz kommen, sind weitgehend identisch mit denen aus der Primarstufe und aus dem Deutschunterricht in Schule No. 55: Nenne fünf Farben, fünf Blumen, fünf Tiere (oder in der fortgeschrittenen Variante: fünf Insekten). Auch hier kleine Videos aus den ergänzenden Materialien zum Lehrwerk, aber alles frontal durch die Lehrerin mit lauter Stimme gesteuert. Zum Schluss dürfen die Schüler sich mit mir unterhalten. Wenn ich aber eine Frage nicht gleich verstehe, gibt sie dem Schüler keine Gelegenheit, sich mit meiner Hilfe verständlich zu machen, ja, sogar wenn ich die Frage verstanden habe, wiederholt sie alles nochmal lauter: das perfekte Lehrerecho! Zu meiner Überraschung beendet sie die Stunde mit einer Evaluation. Die Schüler dürfen an der Tafel nacheinander bewerten, ob sie die Stunde gut, mittelmäßig oder schlecht fanden. Warum überrascht es mich nicht, dass alle Häkchen hinter den Smiley mit dem lachenden Gesicht gesetzt werden? Dann fragt sie mich coram publico, wie mir die Stunde gefallen habe. Ich sage, dass dem Urteil der Schüler nichts hinzuzufügen sei.

In meinem Klassenraum warten nun seit einer Stunde die Kolleginnen auf die Diskussion über *„arranged marriages"*. Ich beginne damit, dass ich ihnen sage, dass ich inzwischen einiges über die usbekischen Sitten erfahren habe, aber noch längst nicht alles wisse und bitte um weitere Informationen. Zwei Damen erzählen daraufhin bereitwillig, wie es ihnen ergangen ist. Albina kannte ihren Mann vor der Hochzeit überhaupt nicht und hatte auch später kaum Gelegenheit ihn kennenzulernen, da er im Ausland arbeitet. Albina war es auch, die mir einmal erzählt hat, dass die Schwiegermutter nach fünf kinderlosen Jahren die Scheidung verlangt habe. Wie bitte, hätte sie denn schwanger werden sollen, wenn der Mann meistens nicht da ist? Nun hat sie inzwischen einen kleinen Sohn, besonders glücklich scheint sie aber nicht zu sein. Nadira erzählt, dass sie ihren Mann zwar vor der Ehe auch nicht persönlich gekannt habe, von Kollegen ihrer Schule aber mit vielen Details zu seiner Person versorgt worden wäre, und umgekehrt habe ihr Mann sich entsprechend intensiv nach seiner Zukünftigen erkundigt. Sie sei überaus zufrieden mit ihm. Andere steuern zum Thema Weiteres bei und ich muss die Damen geradezu bremsen, damit nicht die ganze Stunde mit der Darstellung der persönlich erlebten Varianten der *„arranged marriages"* vergeht. Von der anfänglichen Scheu, Englisch zu sprechen, ist nichts mehr zu spüren. Ein Erfolg, auf den ich nicht wenig stolz bin.

Nun bin ich an der Reihe, die Sitten und Gebräuche in Deutschland und Europa darzustellen. Dem Beispiel der Kolleginnen folgend, spreche ich dabei viel von mir und meiner Familie, um nur gelegentlich das Gesagte zu verallgemeinern. Das Zusammenleben ohne Trauschein oder die Homo-Ehe spare ich dabei nicht aus. Es kommen viele Rückfragen und wir sind fast schon mitten in der Diskussion der Vor- und Nachteile unterschiedlicher Lebensformen, als ich mich darauf besinne, dass nun die eigentliche *„panel discussion"* in Angriff genommen werden sollte.

Die Verteilung der Rollenkarten erfolgt durch Los. In vier Kleingruppen soll je eine Person für das Podium fitgemacht werden. Nicht alle verstehen die Methode, denn einige beginnen, irgendetwas aufzuschreiben. Andere sind so heiß auf die Präsentation, dass sie schon mal anfangen, Stühle aufzubauen. Talkshows scheinen auch im usbekischen Fernsehen ein gängiges Format zu sein und, wie ich höre, gern zu Themen aus dem Familienleben.

Da sich in Altynbeks Gruppe keine der Damen traut, nach vorn zu kommen, übernimmt Altynbek die Rolle einer deutschen jungen Frau, die überhaupt nicht heiraten möchte. Er gibt sich selbst den Namen Greta und spielt die Rolle übertrieben komisch, so dass wir alle über seine Beiträge herzhaft lachen. Eine solche Position kann man ja auch nicht ernsthaft vertreten, sind sich offenbar alle einig. Auch den anderen gelingt es in der Diskussion, Positionen darzustellen, die überhaupt nicht ihre eigenen sind. Malika, eine vehemente Anhängerin der arrangierten Ehe, erklärt, warum sie sich von den Vorstellungen ihrer Eltern befreien und nur aus Liebe heiraten wolle. Albina dagegen, die eben noch zu verstehen gegeben hat, wie unglücklich sie in ihrer Situation ist, vertritt nun überzeugend die traditionelle Position. Nur Shoira hat wieder einmal nicht verstanden, dass gerade nicht ihre eigene und von der Gesellschaft erwartete Meinung gefragt ist, sondern die einer fiktiven Person.

Leider müssen wir die Diskussion abbrechen, weil es Altynbek plötzlich nicht gut geht. Er hat in letzter Zeit häufig gesundheitliche Probleme. Der Stress und die Verantwortung für unser Projekt setzen ihm erkennbar zu. Am Ende der Sitzung kommt er aber zum Glück einigermaßen erholt wieder.

Nach dem Unterricht muss ich noch zur Anprobe. Das Kleid besteht aus einer Hose und einer langen Jacke und passt tatsächlich genau. Ich behalte die Jacke gleich an und alle freuen sich über mein Aussehen. Altynbek gibt bekannt, dass meine Verabschiedung am Freitagvormittag stattfinden soll. Hilfe! Die Autofahrt bis zum Flughafen dauert eine Stunde und der Flieger startet um 11.20 Uhr. Und der wartet nicht geduldig, bis ich da bin! Ich rechne ihm vor, dass ich spätestens um neun Uhr die Schule verlassen müsse, um rechtzeitig am Flughafen zu sein. Verabschieden könne ich mich also nur zwischen acht und neun Uhr. Er bestätigt meine Rechnung, klingt aber wenig überzeugt.

Zu Hause packe ich meine Geschenke vom Vormittag aus und platziere sie neben den vielen anderen, die ich schon bekommen habe. Das in Geschenkpapier eingewickelte Paket enthält eine schlichte Küchenuhr! Ehrlich gesagt, gefällt mir die, die wir zu Hause schon haben, um Einiges besser. Was mache ich nur mit diesem großen Teil?

Bis Altynbek mich zum Essen abholt, habe ich genau eine Stunde Zeit. *„We'll meet at the gate at half past six"*, hatte er gesagt. Ich dusche, ziehe mich um und packe meine Tasche mit den Geschenken für Altynbeks Familie, und mache mich um halb sieben auf den Weg. Am Tor ist – wie fast schon erwartet – niemand. Ich stehe eine Viertelstunde herum. Da ich mangels usbekischer SIM-Karte von hier aus nicht telefonieren kann, gehe ich zurück zu meinem Bungalow. Hier frage ich über WhatsApp: *„Did you say half past six or half past seven?"* Ich kann es einfach nicht lassen, auf Pünktlichkeit zu bestehen. Kurz darauf kommt dann seine Nachricht, man sei auf dem Weg.

Im Taxi befinden sich außer dem Fahrer Altynbek, seine Mutter, seine Frau und seine drei Söhne. Ich darf auf dem Vordersitz platznehmen, während die anderen sechs sich die Rückbank teilen. Als ich versuche, den Sicherheitsgurt anzulegen, bekomme ich vom Fahrer fast einen strafenden Blick. Sowas ist in seinem Auto weder üblich noch möglich. Das Ziel ist nicht Altynbeks Zuhause, sondern ein Fischrestaurant auf dem Lande. *„We changed our plans"*, höre ich nun wohl schon zum hundertsten Mal. Ich mache mir Gedanken, was wohl die Ursache für diese Planänderung sein könnte. Hoffentlich nicht meine gestrige Bemerkung, dass am Boden eingenommene Mahlzeiten meinen Rücken merklich strapazieren.

Wir fahren von Kurgantepa aus lange in eine mir bis dahin völlig unbekannte Richtung. Fast im Nirgendwo taucht ein Gebäudekomplex mit mehreren Restaurants auf. Der Parkplatz davor ist bereits gut ausgelastet, zum Teil auch mit größeren, neuen Autos. Das Restaurant, das wir besuchen, besteht aus einem Haus mit einem großen Innenhof, in dem auf verschiedenen Taptschanen Tische eingedeckt sind. Vorhänge schirmen die Tischgesellschaften von den Blicken anderer ab. Auch ein paar Jurten sind aufgebaut, in denen man auf Matratzen um einen runden Tisch sitzt. Rings um den Innenhof führen Türen in eine Vielzahl von Separees, deren Möblierung aber wenig gemütlich ist. Wir haben die Wahl, und obwohl ich sage, dass ich ein Essen an der frischen Luft schön fände, entscheidet sich Altynbek für ein Separee. Wahrscheinlich, weil man hier nicht auf dem Boden hocken muss.

Altynbeks Frau packt nun aus vielen mitgebrachten Plastiktüten Essbares aus: Gebäck, Nüsse, Salat, Brot und einen Obstteller, auf dem kunstvoll geschnitzte Früchte ansprechend arrangiert werden. In wenigen Minuten hat sie aus einer Banane einen Delfin gezaubert, aus einer Kiwi ein Boot, aus Äpfeln unterschiedliche Blüten. Was auf dem Tisch steht, würde allemal reichen, uns satt zu machen! Ich verteile die Geschenke, und die Jungen scheinen sich über meine Zauberwürfel zu freuen. Die bereits vorhandenen haben sie mitgebracht und der ältere führt vor, wie er blitzschnell damit umgehen kann. Ich habe es nie geschafft, auch nur zwei Seiten mit den richtigen Farben zu versehen, geschweige denn vier. Die beiden Damen bekommen Plastikblumen, Altynbeks Mutter die gekauften und seine Frau einen Strauß aus meinem inzwischen reichlich vorhandenen Plastikblumenbestand. Für Altynbek selbst hatte ich einen Bildband meiner Heimatstadt von zu Hause mitgebracht. Außerdem überlasse ich ihm all meine englischen Lehrwerke, die ich eigens für dieses Projekt angeschafft hatte. So spare ich Gewicht im Koffer und mache dem Kollegen eine große Freude.

Als die Kellnerin die Bestellung aufnimmt, verstehe ich, dass es um Schaschlik geht. Haben sie heute keinen Fisch? Tatsächlich bringt sie nach einiger Zeit etliche Spieße mit Rind, Hühnchen und Gehacktem. Altynbeks Frau macht jedem einen Teller fertig, aber ich esse nur ganz wenig, denn als nächstes soll dann doch noch Fisch kommen und ich bin leider nicht besonders hungrig.

Inzwischen hat ein heftiges Gewitter eingesetzt und es regnet in Strömen. Gut, dass wir jetzt nicht draußen sitzen. Den kurzzeitigen Stromausfall überbrücken wir mit den Taschenlampen unserer Handys.

Der Fisch sieht auf den ersten Blick wenig appetitlich aus. Fast schwarze große Brocken werden auf großen Tellern hereingetragen. Auch hiervon bekommt jeder eine Portion zugeteilt. Ich habe vier große Stücke und kann erkennen, dass die anscheinend frisch aus der Fritteuse kommen. Vorsichtig teile ich mit der Gabel ein Stück auseinander und unter der schwarzen Haut tritt weißes, weiches Fleisch zutage. Ich esse die ganze Portion auf, so schmackhaft ist der Fisch, lege nur die Haut und die Knochen beiseite. Die Gräten sitzen so fest am Rückgrat, dass man das Fleisch bequem abziehen kann.

Mein vorsichtiges Angebot, mich an den Kosten für dieses Festmahl zu beteiligen, lehnt Altynbek erwartungsgemäß ab. Man habe immer schon mal hierherkommen wollen, und nun sei mein Besuch ein willkommener Anlass. Mir ist das Ganze reichlich peinlich, denn sicher übersteigt die Rechnung sein karges Lehrerbudget um einiges.

Als alle aufgegessen haben, räumt Altynbeks Frau die Reste zusammen und verstaut alles wieder in den Tüten. Auch gegen meinen Einwand, dass ich ja nur noch bis morgen im Lande bin, bekomme ich wieder ein großes Fresspaket. Das sei nun mal so Sitte.

Der Taxifahrer, der übrigens die ganze Zeit vor Ort war und mitessen durfte, hat Mühe, den Wagen aus der Parklücke zu fahren, so sehr ist nun alles vollgestellt mit Autos. Als wir an meiner Wohnanlage ankommen, ist Murat, der Jüngste, fest eingeschlafen.

Abschiedsparty mit Hindernissen

Donnerstag, 12.05.2022

Der Koffer ist weitgehend gepackt, als Altynbek gegen halb zwölf anruft. Er sei in fünf bis zehn Minuten da. Wie soll das denn gehen? Da er jedes Mal Videocalls macht, kann ich sehen, dass er noch zu Hause ist, und damit auf der ganz anderen Seite von Kurgantepa. Denn Weg schafft man bestenfalls in 20 Minuten. Ich habe also keinen Grund zur Eile und stopfe noch das eine oder andere in den Koffer. Eins steht fest: Ein weiteres Geschenk, welcher Art auch immer, passt nicht mehr hinein. Mit Schrecken denke ich an den riesigen Teller, den Werner zum Abschied vom Hakim bekommen hat. Wenn ich auch so beschenkt werden sollte, muss das Präsent hierbleiben und bis zum nächsten Jahr auf mich warten.

Um kurz vor zwölf gehe ich zum Tor, wo aber niemand zu sehen ist. Zu dieser späten Stunde steht die Sonne schon hoch, so dass ich in meinem schwarzen Kleid und der neuen usbekischen Jacke ins Schwitzen komme. Endlich kommt Altynbek mit dem netten Taxifahrer, der sich mit Hinweis auf einen *„traffic jam"* entschuldigt. Altynbek dagegen sagt, der Fahrer habe den Weg nicht gefunden. Obwohl er mich schon x Mal hierhergefahren hat und der Weg alles andere als schwer zu finden ist? Beide Ausreden sind gleichermaßen unglaubwürdig.

An der Schule überreiche ich dem Fahrer mein Abschiedsgeschenk und verabschiede mich bis zum nächsten Jahr.

Inzwischen ist allen Beteiligten auch aufgefallen, dass die Zeit für meine Verabschiedung morgen knapp sein wird. Man ist sich einig, dass ich mich um neun Uhr auf den Weg nach Andijan machen sollte, um rechtzeitig am Flughafen zu sein. Es werde also nur eine sehr kurze Zeremonie geben, an der der Hakim teilnehmen werde. Dazu fällt mir ein, dass Werner

diesem bei seiner Verabschiedung ein kleines Geschenk überreicht hat: Eine mit Fotos bedruckte Tasse und zwei Flaschen
Bier. Auf meine Frage, ob ein Geschenk wohl angebracht sei,
und wenn ja, welcher Art, bekomme ich von Altynbek nur
schwammige Antworten. Schließlich schlägt er vor, einen
Teller mit islamischer Kalligrafie zu kaufen, und als ich etwas
sparsam schaue, fängt er an zu telefonieren: Sein Vater, der
in der Kreisverwaltung arbeitet, ist nicht zu erreichen. Aber
seine Mutter und Beibut, der Assistent des Hakims, bestätigen, dass ein solcher Teller unbedingt richtig sei. Ich dränge
nun langsam zum Aufbruch, denn es muss noch Kuchen für
die nachmittägliche Sitzung gekauft und die Tische im Klassenraum zu einer Kaffeetafel umgestellt werden. Ich hatte
angekündigt, mich mit einer „Party" verabschieden zu wollen,
und Altynbek hatte mir versprochen, die notwendigen Einkäufe mit mir zu tätigen. Geschirr und Tee seien in der Schule
problemlos zu bekommen. Allerdings ist es nun schon viertel
vor zwei und ich habe noch nichts: keinen Kuchen, keine
Getränke, kein Obst, kein Gebäck, nichts! Es wird höchste
Zeit!

Dummerweise laufen wir auf dem Weg nach draußen
Raushan in die Arme und ich muss mitkommen, um noch
eine weitere usbekische Jacke entgegenzunehmen, die nach
demselben Schnitt angefertigt wurde. Dann wird noch ein
Spiegel geholt, damit ich sehen kann, wie gut mir das Stück
steht, eine Tüte gesucht und alles Mögliche geredet, was ich
nicht verstehe. Die Nichte in Taschkent wird angerufen um
sicherzugehen, dass diese mich dort unter ihre Fittiche
nimmt. Dann ruft auch noch meine SES-Kontaktfrau Kamilla
an, die sich fast ein wenig darüber beklagt, dass sie die ganze Zeit nichts von mir gehört habe. Was sie aber zu Recht als
gutes Zeichen wertet. Sie entschuldigt sich, dass sie mich
wegen anderer Verpflichtungen nicht vom Flughafen abholen
könne und bittet mich, nach Möglichkeit jemanden zu finden,
der mich in Taschkent in Empfang nimmt. Die Taxifahrer
würden von Ausländern astronomische Preise verlangen. Ich

versichere ihr, dass ich auf die eine oder andere Weise zum Hotel finden würde und muss mich anstrengen, das Gespräch nicht allzu unhöflich abzuwürgen. Aber ich muss wirklich dringend weg!

Inzwischen ist es fast zwei Uhr und Ilmira ist als erste Teilnehmerin meines Kurses schon eingetroffen. Und ich habe noch immer keinen Kuchen und die Tische stehen noch immer in der unterrichtlichen U-Form. Inzwischen ist meine Panik schon fast einer orientalischen Gelassenheit gewichen. Altynbek, Ilmira und ich gehen zu dritt in den nächsten Supermarkt, wo es zwar unendlich viele verschiedene Kekse, aber keinen Kuchen gibt. Ich hätte ja auch mit Gebäck und anderen Süßigkeiten vorliebgenommen, aber Ilmira schlägt vor, ein anderes Geschäft aufzusuchen. Da das aber ziemlich weit entfernt ist, fahren wir mit einem Taxi hin. In diesem Laden gibt es nicht nur Lebensmittel, sondern auch viele große und kitschige Teller mit frommen Sprüchen. Altynbek empfiehlt mir den Kauf eines Exemplars, das riesig groß ist und auf dem das islamische Glaubensbekenntnis „Allah ist groß und Mohammed ist sein Prophet" in goldener Schrift auf weinrotem Untergrund überaus prächtig kalligraphiert ist. Ich sträube mich ein wenig, denn ich finde es ziemlich unpassend, als Nicht-Muslima ausgerechnet diesen Spruch zu verschenken, aber Altynbek und Ilmira sind begeistert und es ist inzwischen zwei Uhr durch. Jetzt sollte die Party beginnen und wir haben immer noch nicht dafür eingekauft! Also wird das Bildungetüm für ca. zwölf Euro genommen. Während die Ladeninhaberin und ein Verkäufer sich daran begeben, das Geschenk in Goldpapier einzuschlagen, suche ich schon mal Säfte und Süßigkeiten aus, wobei ich mich freue, dass ich mit Kinderschokolade und Trumpf-Schogetten Spezialitäten aus meiner Heimat auftischen kann. Außerdem gibt es hier diverse Teesorten zu sehr moderatem Preis, so dass ich auch noch ein großes Paket grünen Tee für zu Hause mitnehme. Ilmira legt noch eine zweite Packung dazu und besteht darauf, mir diese zum Abschied zu schenken. Zu meinem Entsetzen schlägt sie dann aber vor, zum Kuchenkaufen in ein weiteres Geschäft zu gehen, wo es eine noch bessere Auswahl gäbe, aber nun weigere ich mich kategorisch, zumal Altynbek abgepackte Sahneteilchen gefunden hat, die ganz appetitlich aussehen.

Leider können wir nach dem Bezahlen noch nicht gehen, weil das Riesenbild immer noch nicht fertig verpackt ist und jede Kante noch mit Tesafilm abgeklebt wird. Ein Anruf in der Schule ist insofern beruhigend, als dass außer Malika noch niemand eingetroffen ist.

Endlich draußen, machen wir uns nun wieder auf die Suche nach einem Taxi. Das große Bild im Innenraum unterzubringen, ohne dem Fahrer damit die Sicht zu versperren, ist fast unmöglich.

Als wir ankommen, sind die meisten eingetroffen. Nun müssen noch die Tische umgestellt und Tee gekocht werden. Ich packe den soeben erstandenen Kuchen, die Schokolade und zwei Tüten mit Nüssen aus, die ich bereits von zu Hause mitgebracht hatte und die aus meinen diversen Fresspaketen stammen. Die Plastikblumen, die ich an verschiedenen Schulen bekommen habe, werden als Dekoration auf dem Tisch drapiert. Albina steuert einen selbstgebackenen Kuchen und Nadira eine große Schüssel Salat bei. Für das Teekochen fühlt sich allerdings niemand verantwortlich. Auch Gabeln oder Löffel fehlen und ich muss mehrmals bitten, mich bei der Beschaffung dieser Gegenstände zu unterstützen. Die Erklärung für dieses Organisationsproblem ist einfach: So etwas sei normalerweise Aufgabe der Schwiegertochter. Erst als ich Shoira zu meiner provisorischen Schwiegertochter erkläre, sind die Zuständigkeiten geklärt und alle werden versorgt.

Nun sind noch letzte Formalien zu erledigen. Zuerst verteile ich das Blatt mit den nützlichen Websites. Beim Erläutern meines Handouts, das ja auch Hinweise zur Einwanderung in Deutschland enthält, weise ich ausdrücklich darauf hin, dass es Sinn meines Aufenthaltes sei, die Chancen von Schülern und Lehrern in Usbekistan zu verbessern und nicht, sie nach Deutschland zu locken, und dass ein Leben als Migrant möglicherweise eine große Enttäuschung werden würde. Ehrlich gesagt glaube ich, dass keiner und keine der Anwesenden nennenswerte Chancen auf dem deutschen Arbeitsmarkt hätte, von den fehlenden Sprachkenntnissen ganz zu schweigen. Ich bin aber froh, dass ich das nicht ausführlich darlegen muss, sondern auf die Internetseiten verweisen kann.

Das Ausfüllen des Evaluationsbogens geht schnell. Alle kreuzen bei allen Fragen die bestmögliche Punktzahl an und schreiben noch ein bis zwei Sätze mit überschwänglichem Lob und Dank in das freie Feld. Zum Schluss geht noch eine Liste mit Namen, E-Mailadressen und Telefonnummern herum, dann ist der offizielle Teil erledigt und alle greifen bei Salat, Kuchen und Schokolade zu. Als Malika sich mit einem Teller voller Gebäck auf dem Weg zur Direktorin macht, gehe ich schnell hinterher, um diese persönlich zu unserem Treffen einzuladen. Malika sagt mir allerdings, dass Raushan nicht werde kommen können, da sie Besuch habe, aber ich lasse mich nicht abschütteln. Tatsächlich sitzt die Schulleiterin ganz allein in ihrem riesigen Büro, das ich nun zum ersten Mal betrete: ein wuchtiger Schreibtisch, eine Sitzgruppe mit Sofas und ein runder Tisch mit Stühlen, alles sehr repräsentativ. Es irritiert mich erneut, dass sie mich nie in dieses Zimmer gebeten hat. Und ich habe den Verdacht, dass Malika den Besuch erfunden hat, um mich davon abzuhalten, Raushan zu unserem Treffen einzuladen.

Das kann ich allerdings gut verstehen, denn als die Chefin nach wenigen Minuten auftaucht, reißt sie die Veranstaltung an sich, redet ununterbrochen mit ihrer durchdringenden Stimme, natürlich auf Usbekisch, alle anderen nicken gelegentlich oder steuern einen Halbsatz bei. Und ich verstehe kein Wort. Irgendwann erkundige ich mich, um was es gehe, aber die Personalangelegenheiten, über die offenbar gesprochen wird, interessieren mich kein bisschen. Ich bin sauer, denn dies ist meine Abschiedsparty und keine Lehrerkonferenz! Nach und nach gelingt es mir, die eine oder andere Kollegin trotz des ungebrochenen Redeflusses der Schulleiterin in Einzelgespräche zu verwickeln. Ich tippe meine Nummer in diverse Handys ein und überbringe Gulbanu die frohe Botschaft, dass ich die Telefonnummer und Adresse ihres deutschen Brieffreunds ausfindig machen konnte. Der Umgang mit Google war ihr selbst nicht geläufig, da ihr Handy nicht internetfähig ist. Die Atmosphäre wird dann doch noch locker und wir versichern uns gegenseitig, in Kontakt zu bleiben. Und natürlich werden wieder viele Fotos gemacht. Raushan erhält mein Abschiedsgeschenk: Den Teller vom Markt und die Plastikblumen. Ich bekomme mein Präsent, das schon in einer Kiste auf dem Regal steht und ansehnliche Ausmaße hat, allerdings nicht. Das ist blöd, denn wann und wie soll ich es denn im Koffer verstauen? Unmittelbar vor Abflug?

Auf jeden Fall ist klar, dass ich einen weiteren Koffer benötige, am besten einen, den ich als Handgepäck mit an Bord nehmen kann. Dann brauche ich hoffentlich kein Übergepäck zu bezahlen. Nachdem sich die Veranstaltung aufgelöst hat und die Reste auf dem Tisch nach usbekischer Sitte von den Gästen eingepackt und mitgenommen wurden, gehen alle gut gelaunt ihrer Wege.

Altynbek und ich lassen uns in Kurgantepa absetzen, wo wir den Basar ansteuern, um einen Koffer zu kaufen. An jedem zweiten Stand kennt Altynbek Menschen: entweder Verwandte oder Studienkollegen. An einem Stand mit Taschen und Koffern aller Art werden wir fündig und erstehen einen kleinen Rollkoffer, den Altynbek von 280000 auf 210000 So'm herunterhandelt. Für rund 17 Euro ein Schnäppchen. An einem Stand mit Kurzwaren, wo es auch die tollsten Bordüren gibt, will Altynbek mich animieren, noch eine passende für mein noch zu nähendes Kleid zu kaufen. Aber ich wehre mich erfolgreich. Wenn ich das Kleid jemals anziehen will, sollte es besser nicht auf usbekische Art aufgemotzt werden.

Was morgen vor meinem Abflug noch stattfinden soll, ist mir immer noch nicht klar. Auf jeden Fall muss die Verabschiedung zwischen acht und neun Uhr stattfinden, erinnere ich Altynbek nochmal mit Nachdruck. Er kündigt an, mich abends noch anrufen zu wollen, um mir Genaueres mitzuteilen.

So mache ich mich zu Hause daran, auch den eben erstandenen Koffer zu packen und schaffe es, meine vielen Geschenke irgendwo zu verstauen und dabei noch Platz zu lassen für das Paket, das in der Schule auf dem Regal steht. Das Ölgemälde wird unter Einsatz des Messersets aus seinem Rahmen gelöst, und so findet auch dieses aufgerollt einen Platz im Gepäck.

In einem weiteren Telefonat mit Raushans Nichte Zarema kann ich klären, dass diese mich vom Flughafen abholen wird. Darüber hinaus hat sie ein paar Stunden Zeit, mir Taschkent zu zeigen. Welche Sehenswürdigkeiten für Touristen interessant sein könnten, will sie bis morgen herausfinden. Außer dem Basar und der U-Bahn sind ihr nämlich keine bekannt. Und das, obwohl sie seit zehn Jahren in Taschkent lebt?

Meine SES-Kontaktfrau ruft ebenfalls nochmal an und ist sehr froh, dass ich jemanden gefunden habe, der mich vom Flughafen abholt, so dass ich den ausbeuterischen Taxifahrern nicht in die Hände fallen werde.

Appetit auf Abendessen habe ich nicht und beschränke mich auf Brot und ein bisschen Fleisch vom gestrigen Restaurantbesuch. Dann gehe ich müde ins Bett. Auf einen Anruf von Altynbek habe ich vergeblich gewartet.

Geschenke und noch mehr Geschenke

Freitag, 13.05.2022

Wie so oft vor größeren Reisen bin ich früh wach und mir ist übel. Ich stehe um sechs Uhr auf, mache mich fertig, esse etwas trockenes Brot und trinke ein paar Schluck kalten Tee. Die letzten Utensilien werden verpackt, dann setze ich mich wartend ins Wohnzimmer. Um gegen acht Uhr in der Schule zu sein, müsste ich um halb acht abgeholt werden. Um punkt acht schreibe ich eine Nachricht: *„Will somebody pick me up, please. There will be no time left to say good-bye."* Ich sehe, dass Altynbek meine dringende Bitte, abgeholt zu werden, zwar liest, eine Antwort bekomme ich allerdings nicht. Auch um zwanzig nach acht sitze ich noch immer in meinem Wohnzimmer. Inzwischen bekomme ich Hunger, esse noch etwas trockenes Brot und finde mich mit der Tatsache ab, dass es wohl keine Verabschiedung mehr geben wird. Dann ruft Altynbek an, und sagt, Medet sei auf dem Weg mich abzuholen. Er sei schon fast in Kurgantepa. Ich brauche aber noch nicht zum Tor zu gehen. Er werde anrufen, wenn Medet angekommen sei. Wenn es stimmt, was er sagt, müsste Medet in fünf Minuten da sein und es wäre sinnvoll, mich auf den Weg zu machen. Die Entfernung vom Zentrum Kurgantepa bis zu meiner Wohnanlage ist nicht weit. Sein Rat, noch nicht zum Tor zu gehen, spricht also eher dafür, dass Medet gerade erst in Karasuv abgefahren ist. Tatsächlich warte ich weitere 20 Minuten – es ist inzwischen halb neun - , bis schließlich der Anruf kommt, dass der Wagen zu meiner Abholung bereit stehe.

So schnell es geht, schiebe ich nun die zwei Koffer vor mir her. Die Laptoptasche, in der sich neben dem Computer noch ein paar richtig schwere Bücher befinden, trage ich über der Schulter. So komme ich keuchend am Tor an, wo Medet alles auf die Rückbank verfrachtet. Meine Bemerkung, dass es für eine Fahrt nach Karasuv nun eigentlich schon zu spät sei, versteht mein Fahrer nicht. Stattdessen macht er gut gelaunt während der Fahrt Selfies und gibt Altynbek zweimal am Telefon unseren genauen Standort durch, als dieser sich offenbar ungeduldig nach unserem Verbleib erkundigt. Kurz vor Karasuv biegt Medet in eine Seitenstraße ab, um den Verkehr auf der Hauptstraße zu umfahren. Jetzt hat er es wirklich eilig!

Mir fällt auf, dass in dem Wohnviertel, durch das wir fahren, ungewöhnlich viele Kinder auf der Straße spielen. Müssten die jetzt nicht in der Schule sein?

Endlich kommen wir an! Am Schultor stehen Raushan mit einem riesigen Blumenstrauß und etliche Damen des Schulpersonals. Weit und breit ist aber kein Schüler zu sehen. Ganz gleich zu welchen Zeiten ich sonst an der Schule ankam, waren immer Kinder da, die mir freundlich *„Good afternoon"* oder *„Hello"* oder *„Asalom aleikum"* zuriefen.

Ich werde in „meinen" Klassenraum geführt, wo die Kolleginnen und Kollegen schon auf mich warten. Einige haben ihre Kinder mitgebracht. Die Tische sind jetzt wieder wie am ersten Tag einzeln in ordentlichen Reihen hintereinander platziert. Ich bin noch nicht ganz weg, da kehrt man zu den alten Gepflogenheiten zurück! Ich bin nicht wenig enttäuscht. Alle schauen mich erwartungsvoll an und ich sage noch einmal, wie dankbar ich für alles bin und was man sonst noch anlässlich eines solchen Abschieds sagen kann. Das meiste ist eine Wiederholung vom Vortag. Ich sage aber auch, dass es mir Leid tut, nun keine Zeit mehr zu haben, mich in aller Ruhe von jeder und jedem einzelnen persönlich zu verabschieden. Ich müsse jetzt eigentlich schon auf dem Weg nach Andijan sein. Alle nicken verständnisvoll und dann geschieht erst einmal nichts. Die Schulleiterin ist verschwunden und keiner weiß, wie es weitergeht.

Schließlich schlägt Ilmira vor, nun das Video zu zeigen, das sie zu meinem Abschied vorbereitet habe. Und tatsächlich hat sie aus diversen Fotos, die wahrscheinlich alle auf Telegram zu finden sind, eine schöne, mit Musik unterlegte Präsentation meines Usbekistanaufenthalts zusammengestellt. Zum Glück dauert die nur wenige Minuten. Und schließlich heißt es: „Sie kommen!". Mit „sie" sind die Schulleiterin und Beibut als Stellvertreter des Hakim gemeint, die den Raum mit einer riesigen Kiste aus blauem Samt und großer „Uzbekistan"-Aufschrift sowie einer noch größeren, aber flacheren Kiste im selben Design betreten. Beibut bittet um Entschuldigung für das Fernbleiben des Hakim, der wegen des Besuchs einer chinesischen Delegation verhindert sei. Von dem, was er sonst noch sagt, verstehe ich nichts, nur dass er mir im Namen des Hakim für meinen Einsatz dankt und sich freue, mir das offizielle Geschenk des Distrikts überreichen zu können. In der hohen Kiste befinden sich sechs verschiedene Sorten Nüsse und Trockenfrüchte in einzelnen Fächern, in der flacheren Kiste ein handgemalter Wandteller mit einem feinen holzgeschnitzten Rand. Ein solches Exemplar hatte ich auch bei Werners Verabschiedung schon gesehen. Ich weiß nicht, wie gut es mir gelingt, mein Entsetzen hinter meinen höflichen Dankesworten zu verbergen. Wie soll ich das um alles in der Welt im Flugzeug transportieren! Außerdem bekomme ich jetzt auch das Geschenk meiner Lehrertruppe, das mir nun – in goldenes Geschenkpapier eingewickelt – offiziell übergeben wird. Beinahe hätte ich vergessen, den großformatigen Koranvers für den Hakim zu überreichen. Aber auch der wechselt noch in die Hand des Vertreters. Nun wird es aber höchste Zeit! Ich kann aber nicht gehen, ohne noch das eine oder andere Foto und die eine oder andere Umarmung über mich ergehen zu lassen.

Dann sitze ich endlich im Auto, diesmal wieder im Dienstwagen des Distrikts mit „Michael Schumacher" als Fahrer. Wie schon bei der Ankunft passt ein Koffer neben den Gastank, der andere kommt auf die Rückbank zwischen Altynbek und mich, darauf die drei großen Geschenkekisten und die zwei Blumensträuße. Von wem der zweite ist, kann ich schon jetzt nicht mehr sagen. Es ging alles rasant schnell und ich bin mehr als nervös. Vorn sitzt neben dem Fahrer Beibut, und der große in Goldpapier gehüllte Koranvers, der vom Armaturenbrett bis zur Rückbank reicht, passt irgendwie auch noch ins Auto. Bewegen kann sich keiner mehr. Dann sind wir endlich auf dem Weg!

Unterwegs erkundige ich mich bei Altynbek, wo denn die Schüler gewesen seien und erhalte die Antwort, dass die Unterricht gehabt hätten. Er sei zwar geplant gewesen, dass auch Schüler an meiner Verabschiedung teilnehmen sollten, aber die Schulleiterin habe das wegen der fortgeschrittenen Zeit nicht zugelassen. Das scheint mir mehr als unglaubwürdig. Wahrscheinlich hat sie den Schülern frei gegeben. Warum, werde ich wohl nicht mehr ergründen. Ich kann mir allerdings nicht verkneifen anzudeuten, dass ich für das heutige Organisationschaos wenig Verständnis aufbringe und die Verabschiedung im Eiltempo suboptimal fand. Schade, nach so vielen positiven Eindrücken!

Auf halber Strecke hält der Wagen an und Beibut gelingt es mit viel Hin- und Hergeschiebe, den Koranvers aus dem Auto zu bugsieren, um ihn in einem Geschäft am Straßenrand in Verwahrung zu geben. Das schafft wenigstens etwas Luft!

Um zehn Uhr sind wir noch 25 km von Andijan entfernt, aber um zwanzig vor elf endlich am Flughafen. Noch 40 Minuten bis zum Abflug. Die Frage, wie ich neben meinen zwei Koffern und der Laptoptasche noch die Riesengeschenke und Blumen ins Flugzeug bekomme, ist noch nicht geklärt. Schließlich stimmt man großzügig der Lösung zu, dass die Nüsse und Früchte aus der Kiste in Plastikbeutel umgeladen werden, nachdem die Kiste und ihr Inhalt ausreichend fotografisch festgehalten wurden. Das Umpacken geschieht Hand für Hand, etliche Nüsse kullern über den Asphalt und dann stehe ich da mit sechs schweren Plastiktüten. Zum Glück befindet sich die Kiste mit dem Wandteller in einem großen Jutebeutel, so dass meine Lösung darin besteht, alle sechs Plastiktüten in den Jutebeutel zu verfrachten und den Wandteller ohne seine dekorative Umhüllung auch noch dort zu verstauen. Das trifft zwar auf heftigen Widerstand, weil man fürchtet, dass der kostbare Teller ungeschützt im Jutesack Schaden nehmen könnte. Da aber keiner eine bessere Lösung weiß, wird es so gemacht. Das Geschenk der Lehrer passt tatsächlich noch in den Koffer an die Stelle, die ich eigens dafür freigelassen hatte.

Nach dieser Umpackaktion, die bestimmt nochmal zehn Minuten kostet, geht es ins Flughafengebäude, wo das Gepäck durchleuchtet und der Inhalt meiner Jackentasche gründlich untersucht wird. Altynbek darf auch die Kontrolle passieren, von den anderen verabschiede ich mich nur noch durch kurzes Zuwinken. Meine Nerven liegen blank. Am Check-in stellt man dann - nicht überraschend - fest, dass mein Gepäck das Limit um 17 kg überschreitet. Dabei sind die schwere Laptoptasche und der noch viel schwerere Beutel mit den Köstlichkeiten nicht mitgerechnet. Die 220000 So'm (mehr als der Wert meines neuen Koffers), die ich dafür bezahlen soll, nehme ich gern in Kauf, wenn ich nur das Geld zügig loswerden könnte. An dem entsprechenden Schalter gelingt es nämlich nicht, den Computer dazu zu bewegen, mir eine Quittung auszudrucken. Und ohne diese Quittung wird mein Gepäck nicht befördert. Inzwischen fordert der Lautsprecher dazu auf, sich nun unverzüglich an Bord des Flugzeugs zu begeben. Außer mir ist weit und breit kein Passagier mehr zu sehen. Das ist zu viel für meine Nerven. „Nun nehmt schon das verdammte Geld und lasst mich laufen!" sage ich auf Deutsch in der sicheren Annahme, dass mich ohnehin niemand versteht. Dann spuckt der Computer das gewünschte Dokument aus und ich bekomme meine Boarding-Card. An der Sicherheitskontrolle verabschiede ich mich von Altynbek mit einer Umarmung nach europäischer Sitte, ab da muss ich das ganze Gepäck alleine bewältigen. Vor lauter Aufregung vergesse ich auch noch, nach dem Sicherheitscheck mein Handy wieder einzupacken, so dass ich nochmal zurücklaufen muss, um es zu holen. Dann stehe ich endlich auf dem Rollfeld, wo der letzte Weg bis zum Flugzeug zu Fuß zurückgelegt wird.

Und dann sehe ich, dass vor dem Flugzeug noch etliche Passagiere damit beschäftigt sind, sich selbst, die Mitreisenden und den Flieger zu fotografieren. Jetzt weiß ich, dass ich es schaffen werde.

Die schweren Taschen die steile Flugzeugtreppe hinaufzutragen ist mehr als anstrengend. Zum Glück ist mein Sitz weit vorne und meine Sitznachbarin hilft mir, die Sachen zu verstauen. Laptoptasche und Blumen passen in die Ablage über dem Sitz. Der Jutebeutel ist dafür aber zu groß und zu schwer, so dass er zwischen meinen Beinen Platz findet. Zum Glück hat kein Flugbegleiter etwas dagegen. So kann ich mich auf dem halbstündigen Flug ein wenig entspannen. Das angebotene Getränk nehme ich sehr dankbar entgegen und die Sitznachbarin nimmt mein inzwischen wieder freundlicher dreinschauendes Gesicht mit ihrem Handy auf.

Nach der Landung winkt mir an der Gepäckausgabe schon Zarema zu. Meine beiden Koffer kommen als erste. Kein Wunder, denn sie wurden ja auch als letzte eingeladen. Es gelingt mir gar nicht so schnell, beide zu fassen zu bekommen. Den einen schnappt eine Mitreisende, den anderen wuchte ich selbst vom Band, wobei ich einen kleinen Jungen, der im Weg steht, um Haaresbreite mit dem schweren Teil, das ich kaum unter Kontrolle bringe, erschlagen hätte. Der schwere Jutesack lässt sich einigermaßen bewältigen, indem Zarema und ich ihn zu zweit tragen. Dazu schiebt jede von uns einen der beiden Koffer, Zarema trägt außerdem die Laptoptasche und ich die Blumensträuße. So verlassen wir das Flughafengebäude. Da es in Taschkent bei meiner Ankunft regnet, spanne ich auch noch einen Schirm auf und wir machen uns auf den Weg zum Parkplatz. Dort steht ein Auto mit Fahrer bereit, das Zarema für heute organisiert hat. Meine Begleiterin will schon ein zweites Taxi ordern, um das Gepäck zum Hotel zu transportieren, aber dem Fahrer gelingt es, alles im Kofferraum und auf der Rückbank zu verstauen. Schließlich sind wir ja nur zu dritt.

Zarema und der Fahrer helfen mir auch, alles bis auf mein Hotelzimmer zu tragen, das allerdings weit weniger ansprechend ist das Zimmer, das ich bei meiner ersten Übernachtung in diesem Haus zugewiesen bekam. Es ist zwar auch einigermaßen geräumig, hat aber nur eine kleine Dachluke, die zu hoch ist, um sie zu öffnen oder gar hinauszuschauen. Also heute kein Ausblick auf beleuchtete Hochhäuser! Ich bin aber nur froh, endlich mein Gepäck abstellen zu können. Viel Zeit möchte ich in diesem Raum ohnehin nicht verbringen.

Während Zarema und der Fahrer unten im Auto auf mich warten, fülle ich zwei Gläser mit Wasser und stelle die Blumen hinein. Außerdem tausche ich meine Reisekleidung gegen eine dünnere Bluse aus, denn trotz des Regens ist es hier sehr warm. Dann bin schon wieder unterwegs.

Über mehrspurige Straßen und imposante Kreuzungen führt uns der Weg zuerst zu einem türkischen Restaurant, wo Zarema für uns Linsensuppe und Kebab bestellt. Die Suppe schmeckt mir gut und das Fleisch ist schmackhaft und saftig. Mit der Anordnung der Tische, der Speisekarte, der Art des Service und nicht zuletzt mit dem Zustand der Toiletten könnte das Restaurant in jede europäische Stadt passen. Hier gelten internationale Gepflogenheiten und ich fühle mich fast schon wieder zu Hause.

Nachdem wir uns gestärkt haben, geht es zum Fernsehturm. Der Besuch ist eine Idee des Fahrers, der auf dieses Gebäude besonders stolz zu sein scheint. Als er mich fragt, wie hoch der Fernsehturm in Berlin sei, muss ich allerdings passen. Im Gebäude finden wir dann eine kleine Ausstellung mit Fernsehturmmodellen aus aller Welt vor. So erfahre ich, dass der Fernsehturm in Taschkent mit 375 m um wenige Meter höher ist als das Berliner Exemplar. Das wird den Fahrer freuen! Allerdings befindet sich die Aussichtsplattform im 6. Stock auf einer nicht besonders spektakulären Höhe. Die Sicht ist wegen des trüben Wetters auch nicht umwerfend, aber man hat doch einen ganz guten Eindruck von der Größe der Stadt und der Lage der wichtigsten Bauwerke. Im eleganten Drehrestaurant im 8. Stock gönnen wir uns dann noch einen Nachtisch. An einem Nachbartisch sitzt ein offenbar verliebtes Paar, das sich sogar traut, sich in der Öffentlichkeit zu küssen. Sowas wäre im Osten dieses Landes unvorstellbar! Zarema freut sich, dass mein Besuch sie veranlasst, zum ersten Mal ihre Stadt mit touristischen Augen zu sehen und lässt es nicht zu, dass ich irgendeine Rechnung übernehme.

Einer weiteren Anregung des Fahrers folgend, machen wir uns als nächstes auf den Weg zum Komplex Hasrati Imam mit seinen Medresen und Moscheen. Hier sähe es fast so aus wie in Samarkand, lässt uns der Fahrer wissen, und die Sehenswürdigkeit läge ohnehin an der Strecke zum Chorsu Basar, den Zarema mir unbedingt zeigen will. Tatsächlich ist schon die Größe des Platzes beeindruckend, um den sich die verschiedenen Gebäude gruppieren. Zarema war noch nie hier und freut sich über die vielen schönen Fotomotive. Bei inzwischen besserem Wetter durchschreiten wir Tore, fotografieren einander vor Kuppeln, Minaretten und Fliesendekoren, sehen Holzschnitzern bei der Arbeit zu und betreten zuletzt auch das Innere einer Moschee durch den Fraueneingang. Zarema, die auch nicht genau weiß, ob und wann Frauen die Moschee betreten dürfen, hatte sich bei einem einsamen Wachmann erkundigt und erfahren, dass der Zutritt außerhalb der Gebetszeiten kein Problem sei. Auch sei es nicht nötig, ein Kopftuch zu tragen. Zarema setzt trotzdem die Kapuze ihrer ärmellosen Weste auf, die sie über einem geringelten T-Shirt trägt. Mit unserer westlichen Kleidung sehen wir beide wie Touristinnen aus, und sind es ja auch. Ich finde es verwunderlich, dass Frauen in Usbekistan zu den Gebetszeiten keinen Zutritt zur Moschee haben, und Zarema gibt mir die Begründung des Wachmanns wieder: Man wolle so verhindern, dass Frauen das Gebet zum Austausch von

Klatsch und Tratsch nutzen würden, was unweigerlich geschehen würde, wenn man ihnen Zutritt gewährte. Dass das nicht anderes sei als patriarchalisches Machtgehabe, ist Zaremas Kommentar, und ich höre zum ersten Mal, dass eine Muslima sich kritisch über die im Land geltende Auslegung ihrer Religion äußert.

Dann nehmen wir ein Taxi zum Chorsu Basar. Am Eingang animieren eine ganze Reihe von Geldwechslern zum Tausch von Dollars gegen So'm. Da ich bislang kaum jemanden gesehen habe, der wie ein Tourist aussieht, frage ich mich, mit wem sie eigentlich Geschäfte machen.

Zuerst schauen wir uns den Teil an, in dem verschiedene Garküchen traditionelle usbekische Gerichte anbieten. Neben den großen Kazan-Kesseln mit Plov und diversen Suppen gibt es spaghettiartige Nudeln mit Pferdefleisch, gefüllte Schafsdärme und Pfannen, in denen Lammfüße und –köpfe vor sich hin köcheln und viele andere Köstlichkeiten, deren Verzehr mich etwas Überwindung kosten würde. Zarema kauft an einem Stand als Geschenk für den Fahrer einige tennisballgroße Kugeln aus einer Substanz, die ich für sehr harten Hartkäse halten würde. Das Probierstückchen, das mir die freundliche Marktfrau reicht, schmeckt sehr würzig.

Dann geht es an zahlreichen Ständen mit verschiedenen heimischen und importierten Obstsorten vorbei. Da gerade Erdbeeren und Kirschen Saison haben, gibt es davon riesige Mengen. Zarema probiert hier und da, findet die Früchte aber selten süß genug. Das eigentliche Zentrum des Chorsu Basars ist aber ein Gebäude unter einer riesigen Kuppel. In der unteren Etage werden Fleisch und Milchprodukte verkauft. Die Auswahl an Joghurt, Dickmilch, Ayran und Hüttenkäse ist beeindruckend. Zarema probiert an mehreren Ständen eine Art Griebenschmalz, bis sie eine Sorte findet, die ihr zusagt. Bei den Fleischern sind Kühlvitrinen eher die Ausnahme als die Regel. Jetzt weiß ich, warum das Fleisch hier immer lange gekocht oder gut durchgebraten wird, bevor es auf den Teller kommt. Von der Galerie auf der oberen Etage hat man einen schönen Blick über das Marktgeschehen. Die meisten Einkäufe sind aber offenbar bereits getätigt. Hier und da sehe ich den einen oder anderen Marktbeschicker, der mit dem Kopf auf der Auslage ein Nickerchen macht. Wir werfen noch einen Blick auf die unendliche Vielfalt an Gewürzen, Nüssen und Trockenfrüchten, die in der zweiten Etage angeboten werden, aber davon benötige ich nun wirklich nichts mehr. Die Auslagen erinnern mich schmerzlich an die Mengen, die ich wie ein vollbepackter Lastesel von Karasuv über Andijan nach Taschkent geschleppt habe.

Wir verlassen also den Basar und steigen in die Metro, deren prachtvoll ausgestattete Stationen denen in Moskau und St. Petersburg nacheifern. Zarema möchte mir am liebsten jede einzelne vorführen, aber eingedenk meiner Müdigkeit beschränkt sie sich darauf, mir bei der Durchfahrt die Besonderheiten jeder Station darzulegen. Auch die Beobachtungen im Zug sind interessant. Kaum eine Frau ist islamisch gekleidet. Einige tragen sogar Jeans. Was für ein Unterschied! Ein junges Paar hält sich an den Händen und schaut sich tief in die Augen. In der Pariser Metro sähe es nicht anders aus. Nur die Physiognomie der Menschen lässt noch erkennen, dass hier nicht Europa ist. An der Endstation steigen wir aus und nehmen den Gegenzug zurück. Jetzt besteht Zarema darauf, wenigstens die Metrostation „Kosmonavtla" genauer in Augenschein zu nehmen und Fotos zu machen. Ich bin todmüde, möchte ihr aber den Spaß nicht verderben und fotografiere eifrig Zarema vor den Bildern von Juri Gagarin, Walentina Tereschkowa und anderen Kosmonauten, deren Namen mir nicht geläufig sind. Als wir zwei Stationen weiter den Untergrund verlassen, erwartet uns oben zu meiner Freude unser Fahrer, der uns zum Hotel bringt.

Dort bestehe ich darauf, meinen beiden Begleitern einen Teil meiner Spezereien zu überlassen. Ich fahre also schnell mit dem Aufzug nach oben und packe meine Tüten um: Im Kleiderschrank finde ich einen Plastiksack für den Wäscheservice. Den fülle ich mit Nüssen, Pistazien und Mandeln. Dass dabei etliches auf dem Teppich landet, muss ich hinnehmen. Eine frei gewordene Tüte wird mit getrockneten Aprikosen und Rosinen gefüllt. Dann trage ich die Tüten, den schöneren der beiden Blumensträuße und die Schokolade, die ich vorsorglich schon in Karasuv für Zaremas Kinder gekauft hatte, nach unten. Ich bitte Zarema noch, nicht ihrer Tante zu verraten, dass ich einen Teil meiner Gaben weiterverschenke, dann verabschiede ich mich und danke ihr ganz herzlich für den schönen Tag in Taschkent. Ich bin sehr dankbar, in Zarema eine usbekische Frau kennengelernt zu haben, die sich zu ihrer Kultur und Religion bekennt und mir dennoch mit ihrer Fähigkeit zu organisieren, analytisch zu denken und kritische Fragen zu stellen, vorgeführt hat, das eine Symbiose zwischen Tradition und Aufklärung, orientalischer Gelassenheit und stringenter Organisation möglich ist.

Im Hotelzimmer packe ich meine Koffer und Taschen um. Der Wandteller wird – eingewickelt in mein schwarzes Kleid – noch im Koffer verstaut. Dafür wird ein Shopper, den sich im Koffer befunden hatte, hervorgekramt und mit so viel Nüssen und Früchten gefüllt wie hineinpassen. Der Rest muss auf dem Zimmer zurückbleiben. Nun möchte ich eigentlich nur noch ins Bett, aber ich muss noch meine Betreuerin Kamilla anrufen und für heute Nacht ein Taxi zum Flughafen bestellen. Leider geht Kamilla nicht ans Telefon. Also lese ich ein wenig im Reiseführer und versuche, mich über alles, was wir gesehen haben, etwas genauer zu informieren. Aber es fällt mir schwer, mich zu konzentrieren. Ich bin so müde! Dann fällt mir noch ein, mich auf der Seite von Uzbekistan Airways über die Gebühren für Übergepäck zu informieren. Wenn es stimmt, was ich lese, muss ich morgen 100 Euro extra zahlen!

Schließlich bekomme ich eine Sprachnachricht von Kamilla: Sie sei gerade dabei, das Abendessen für die Familie zu kochen, würde aber in Kürze zurückrufen. Als dies nach einer weiteren Stunde nicht passiert und es inzwischen 21.00 Uhr ist, wähle ich nochmal Kamillas Nummer. Sie entschuldigt sich, dass sie sich nicht eher gemeldet habe. Der Akku ihres Handys sei leer gewesen. Ich bestätige ihr, dass alles nach Plan gelaufen sei und meinerseits keine Probleme zu verzeichnen seien. Ansonsten gibt es gar nichts zu besprechen. Ich hätte längst schlafen können! Nun gehe ich zur Rezeption, bestelle einen Wake-up-Call für zwei Uhr nachts und ein Taxi und begleiche schon jetzt die Rechnung. Was getan ist, ist getan.

Sicherheitshalber stelle ich noch meinen Handywecker auf zwei Uhr, dann schlafe ich sofort ein.

Auf Wiedersehen!

Samstag, 14.05.2022

Um halb zwei kommt der Wake-up Call, eine halbe Stunde zu früh! Nun habe ich reichlich Zeit zu duschen und mich fertigzumachen. Nachdem das Waschzeug und alles andere im Koffer verstaut sind, mache ich mich auf den Weg nach unten. Eine große Tüte gezuckerter Mandeln und ein ziemlich welker Blumenstrauß bleiben im Zimmer zurück.

Der Portier entschuldigte sich für den verfrühten Weckruf und überreicht mir das Registrierungsdokument. Während ich auf das Taxi warte, sieht er in meinem Zimmer nach, ob ich nichts vergessen habe und macht mich darauf aufmerksam, dass sie dort noch Blumen und Mandeln befänden. Ich schenke ihm die Mandeln und sage, dass die Blumen entsorgt werden können. Dann ist das Taxi auch schon da.

Leider macht der Fahrer keine Anstalten auszusteigen und mir mit dem Gepäck zu helfen. Als ich meine zwei Koffer und zwei Taschen zum Auto bugsiert habe, finde ich den Fahrer schlafend hinter dem Steuer! Irritiert ob der Störung, sieht er mich mit reichlich müden Augen an und fragt, ob ich auch Gepäck dabei habe. Und ob! Er verstaut alles im Kofferraum und auf der Rückbank. Dann sind wir in wenigen Minuten am Flughafen. Die Fahrt kostet nicht einmal einen Euro.

Nach der üblichen Durchleuchtung am Eingang begebe ich mich zum Check-In, der zu meiner Überraschung mehr als drei Stunden vor Abflug schon im Gange ist. Ein Mann mittleren Alters, der hinter mir in der Schlange steht, sagt auf einmal „Kann ich Ihnen helfen?" und schiebt meinen Koffer vor sich her. Seit langer Zeit mal wieder deutsche Töne! Wie angenehm! Dann stockt aber die Abfertigung und der Mann fängt an zu nörgeln. „Was machen die da vorne denn? Das geht ja zu wie in Afrika! Gut, dass ich mich reichlich besoffen habe." Jetzt finde ich die deutschen Töne gar nicht mehr so attraktiv!

Als ich an der Reihe bin, mache ich gleich auf meinen zweiten Koffer aufmerksam und zeige das Dokument des SES vor, das um bevorzugte Behandlung der Ehrenamtlichen bittet, da sie schweres Büchermaterial zu transportieren haben. Ich ärgere mich ein wenig, dass ich dieses Schreiben gestern am Flughafen von Andijan vor lauter Hektik ganz vergessen hatte. Der Mann am Schalter zeigt das Blatt einem Vorgesetzten, der es erst gründlich studiert und dann ein Foto davon macht. Ich schöpfe schon Hoffnung, da werde ich gefragt, ob Uzbekistan Airways dieses Schreiben auch bekommen und gebilligt habe. Da ich das nicht bestätigen kann, erklärt sich der Angestellte außerstande, mir kostenloses Übergepäck zuzugestehen. Das sei nur bei berühmten Leuten möglich und er könne nicht für Uzbekistan Airways anderes entscheiden.

Ich muss einsehen, dass meine Prominenz im fernen Osten des Landes hier offenbar nichts mehr wert ist und begebe mich auf die Suche nach dem Kassenschalter. Nachdem ich den in der Richtung gefunden habe, die der angezeigten diametral entgegengesetzt ist, muss ich dort tatsächlich eine Gebühr von 100 Euro entrichten. Zum Glück funktioniert der Computer einwandfrei und ich kann sogar mit Kreditkarte bezahlen. Mit der Quittung in der Hand geht es an der Schlange vorbei zurück zum Check-in, wo ich sofort meine Bordkarte erhalte.

Am Security-Check drängelt sich eine ältere, rundliche Frau, die mich sehr an die Matronen aus Xonobod erinnert, an mir vorbei. Den Abstand, den ich aus Gründen der Diskretion, des Infektionsschutzes oder einfach nur aus Gewohnheit zum Vordermann gehalten hatte, hatte sie wohl als Einladung verstanden, vor mir die Kontrolle zu passieren. Nachdem sie ihre Tasche aufs Band gelegt hat, besinnt sich allerdings anders und gesellt sich wieder zu einer Mitreisenden, die weiter hinten in der Schlage steht. Nun sorgt die herrenlose

Tasche, die durch den Scanner läuft, für Verwirrung, und während noch geredet und diskutiert wird, passiere ich den Check ohne weitere Probleme. Als ich schon dabei bin, meine Utensilien wieder einzupacken und den Gürtel umzuschnallen, bekomme ich noch mit, wie eine verzweifelte Mitarbeiterin des Security-Teams ziemlich erfolglos versucht, den beiden usbekischen Damen klarzumachen, dass sie nicht nebeneinander, sondern schön einzeln hintereinander durch den Scanner gehen müssen. „So sind sie, die Usbeken", denke ich amüsiert und schon fast ein wenig wehmütig.

Nach der eigentlichen Passkontrolle wollen im Abstand von jeweils zehn Metern noch zwei andere Beamte meinen Ausweis sehen. Was gibt es denn da noch zu kontrollieren? Ich kann ja wohl kaum in der Zwischenzeit meine Identität gewechselt haben. Einer der Beamten fragt mich nach dem Grund meines Aufenthaltes in Usbekistan, und ich überlege kurz, ob es auf diese Frage bessere und schlechtere Antworten gibt. Schließlich sage ich, dass ich Freunde besucht habe. Das entspricht jedenfalls dem Reisegrund, der in meinem Registrierungsdokument aus Kurgantepa steht. *„You have friends in Kurgantepa?"* fragt der Beamte nun freundlich interessiert. Und als ich sage *„Oh yes, many"*, ist das nicht einmal gelogen. Als ich auch noch hinzufüge, wie sehr mir diese Stadt gefällt, darf ich an der nächsten Kontrolle ohne weitere Umstände vorbeigehen und stehe im Duty Free Shop.

Da es ich jetzt noch eineinhalb Stunden Zeit bis zum Abflug habe, gönne ich mir einen richtigen Kaffee und ein Sandwich zum Frühstück. Danach läuft alles so, wie man es von internationalen Flügen kennt. Nur das siebenstündige Sitzen im Flugzeug ist beschwerlicher als sonst. Mein Rücken tut mir vom gestrigen Tragen der schweren Geschenke noch arg weh!

Was noch zu sagen wäre

Dienstag, 17.05.2022

Ich sitze am heimischen Schreibtisch über meinem Abschlussbericht. Die notwendigen Punkte sind schnell abgearbeitet. Die Bilanz gezogen. Der Antrag auf Fortsetzung des Programms, den die Schulleiterin und ich in den letzten Tagen unter Mithilfe von Zarema aufgesetzt haben, wird als Anlage beigefügt. Was ich über erreichte Ziele und Teilziele, über Zuständigkeiten und zukünftige Etappen, über kurzfristige Aufgaben und nachhaltige Wirkungen schreibe, liest sich bürokratisch und professionell. Zielvereinbarungen habe ich in meinem früheren beruflichen Leben zu Hauf geschlossen. Was aber ist meine ganz persönliche Bilanz?

Ich komme verändert und bereichert zurück. Nicht nur, weil ich jetzt im Besitz von fünf usbekischen Gewändern, sechs Küchenmessern, drei Schals, zwei Wandtellern, einem Ölgemälde, einer Wanduhr und fünf Kilogramm Trockenfrüchten bin (sonstige Kleinigkeiten nicht mitgerechnet). Bereichernd sind die Erfahrungen mit Menschen, die ihr Land über alles lieben und doch begierig nach Begegnungen mit einer ihnen fremden Welt sind. Die eng in ihrer Religion und ihren Familienstrukturen verhaftet sind und sich doch für sich und ihre Kinder mehr Freiheit und Wohlstand erhoffen. Die ihre körperlichen und psychischen Kräfte aufzehren, damit ihre Kinder Schulen und Universitäten besuchen können. Die in einfachen Verhältnissen leben, aber keine Kosten und Mühen scheuen, ihre Gäste üppig zu bewirten und zu beschenken. Deren hohe Motivation zu arbeiten und zu lernen auf einer grundsätzlich positiven Einstellung zum Leben und seinen zukünftigen Möglichkeiten basiert. Was für ein Gegensatz zu den Nörglern, Zweiflern und Zynikern hierzulande! Ob der Optimismus irgendwann enttäuscht werden und die Diskrepanz zwischen Tradition und Weltoffenheit die Gesellschaft und die Einzelnen an Ende zerreißen wird? Ich maße mir kein Urteil an.

Und dann sind da noch die schulischen Erfahrungen. Welche Wertschätzung, welchen Respekt durfte ich in Usbekistan erleben! Die Inhalte und Methoden, die ich vermittelte, wurden begierig aufgesogen und auch, wenn das eine oder andere nicht auf Verständnis stieß, gab es keine einzige abschätzige Bemerkung und keinen einzigen verächtlichen Blick. Wer als Schulleiterin und Dezernentin jahrelang die Projektionsfläche für allen erdenklichen Unmut in der Lehrer- und Elternschaft gewesen ist, hat schon die eine oder andere Schramme an seiner Seele davontragen müssen. Dies hier war Balsam und tat mir unendlich gut!

Nicht zuletzt wirkten meine Erlebnisse wie ein Jungbrunnen. Nie zuvor bekam ich in so kurzer Zeit so viele Komplimente für mein Aussehen und meinen jugendlichen Elan. Tatsächlich war ich weniger müde als zu Hause, hatte Lust, so viel wie möglich mitzunehmen an Bildern, Eindrücken und Erlebnissen. Nicht zu verschweigen das Gefühl, mit meinen beruflichen Erfahrungen in Schule und Schulaufsicht, meinem theoretischen Wissen über Unterrichts- und Qualitätsentwicklung, Bilingualität und Testverfahren, mit meinen Eindrücken aus hunderten von Hospitationsstunden hier etwas bewirken zu können. Gebraucht zu werden ist wahrscheinlich eine der wichtigsten Grundlagen für ein gesundes Selbstbewusstsein. Als Pensionärin mit gesichertem Auskommen, aber ohne ernsthafte Aufgabe war mir das zuletzt ein wenig abhanden gekommen.

Nun darf ich also in die Zukunft blicken und freue mich auf eine Fortsetzung des Programms im nächsten Jahr. Wenn ich denn gesund bleibe und es keine neue Pandemie gibt. Wenn unsere Länder weiter friedlich bleiben und der unsägliche Krieg in der Ukraine nicht die Welt aus den Fugen geraten lässt. Wenn Gott will. Inschallah.